赉安（Alexandre Leonard）
被誉为装饰派艺术大师
上海近代建筑先驱者之一

来自法国的上海人
建筑大师赉安传奇

吴飞鹏 著

附赠
赉安建筑
徒步路线图

赉安（1890-1946）
1920年1月来到上海创业冒险
1946年5月于上海去世
为上海留下了一百多幢近代建筑
已知75处122件作品

上海大学出版社

图书在版编目(CIP)数据

来自法国的上海人：建筑大师赉安传奇／吴飞鹏著.
—上海：上海大学出版社，2021.8
ISBN 978-7-5671-4283-1

Ⅰ.①来… Ⅱ.①吴… Ⅲ.①赉安－生平事迹 Ⅳ.①K835.656.16

中国版本图书馆CIP数据核字(2021)第128573号

责任编辑：黄晓彦
助理编辑：司淑娴
封面设计：缪炎栩

来自法国的上海人：建筑大师赉安传奇

吴飞鹏　编
上海大学出版社出版发行
(上海市上大路99号　邮政编码200444)
(http://www.shupress.cn　发行热线021-66135112)
出版人：戴骏豪

＊

江苏句容排印厂印刷　各地新华书店经销
开本890mm×1240mm　1/32　插页4　印张9　字数210 000
2021年8月第1版　2021年8月第1次印刷
ISBN 978-7-5671-4283-1/K·238　定价：48.00元

版权所有　侵权必究
如发现本书有印装质量问题请与印刷厂质量科联系
联系电话：0511-87871135

序

1998年，当我第一次在一本英文版的建筑书籍里看见赉安的名字时，便开始刻意关注并在上海寻找赉安的建筑。遗憾的是，有关赉安设计的建筑和他的个人资料信息少之又少，除了那份赉安洋行1934年7月14日刊登于法文版《上海日报》增刊上的大幅庆贺十年辉煌的广告外，我几乎得不到更多有关赉安和赉安洋行的信息。

几年后，上海出台了有关"上海64条永不拓宽的马路"的法令规定和上海风貌区的具体规划，这无疑给上海历史建筑的保护和研究提供了多方面的信息。尽管，上海有些历史建筑铭牌上已经镌刻上了赉安的名字，但这仍然是做得不够的。

2015年4月末，我在江苏宜兴的大觉寺偶遇生活·读书·新知三联书店的总编麻俊生先生，老友相见自是十分热络。那晚，几个朋友一起晚餐，麻先生带来两个朋友，一位是法国籍华人翁扬（Yann Ong）先生，另一位是法国人拉贝（Patrick Labbaye）先生。当我将自己写的《漫步上海老房子》一书递给翁先生后，我看见他惊喜的眼神。他说："建筑大师赉安先生的外孙安德莱正在上海寻根，他想寻找外祖父遗留在上海的建筑。"遗憾的是，安德莱当时已经前往浦东机场正要结束为期一周的上海之行。我和安德莱失之交臂。不过，在翁扬先生和拉贝先生的帮助下，我和安德莱先生开始了长达一年的电子邮件的交流与探讨。这一年，我通过安德莱

亚历山大·赉安
(Alexandre Leonard,1890—1946)

的电子邮件获得了很多赉安先生当年的照片资料,以及有关赉安生平的档案记录、赉安及赉安洋行的设计作品的清单。

2016年4月23日,在我的邀请下,安德莱第二次来到了上海。那是一个春雨绵绵的日子,我带着安德莱先生去了永嘉路上的赉安旧居。在那里,我们边喝茶边聊赉安在上海的生活足迹,以及赉安唯一的女儿娜芮特在上海的故事。我至今仍然记得安德莱说到母亲娜芮特时那种非常无奈的眼神和眼眶里呼之欲出的眼泪。安德莱说:"我从2005年开始搜集资料,寻找外公赉安的一切信息,能够寻找的历史档案基本都找到了,比如结婚证、护照、服役记录等。唯独他在上海的25年记录几乎是一个空白。"

那一次,我和安德莱好几天都在春雨里沿着赉安的足迹行走。当他再次来到阿麦伦公寓时,他伤感地看着入口地坪上"AL"(赉安名字的缩写字母)两个字母,叹息了一声。离开阿麦伦公寓时,安德莱抬头,他最后看了一眼楼顶圆弧形的长窗,对我说:"1942年,我的外公被维希政府搜走了护照,他成了无国籍人士。那时,他和妻子安娜在这里度过了最黑暗的时刻。"

在盖司康公寓的楼下,我带安德莱去看主楼北面起伏的白色长廊。我看见他举头仰望时的蓝色眼睛里有夕阳的余晖,是惊喜,是无奈,是伤痛。他从未见过自己的外公,却一直想着要了解外公和母亲在上海的岁月。

陪伴安德莱的上海之行给我留下了极深刻的印象,从感性上来说,我对赉安有了一点初步的认识和了解;同时,我觉得根据史料可以顺藤摸瓜,将赉安的生活轨迹用文字串联起来。

2017年1月,为了踏一踏赉安的桑梓之地,我去了巴黎中心的大堂地区。这是赉安从出生到离开去上海前生活的地方。站在法兰西街1号看19世纪的公寓建筑,赉安深邃的眼睛似乎在铸铁栏杆的阳台上注视着我。我沉浸在赉安当年生活的情境中,想象着赉安童年的模样和青年时期的朝气蓬勃。环顾四周,热闹非凡的历史街区似乎没有多大的改变。那座美丽的圣厄斯塔什教堂距离赉安的家只有几步之遥,我想,那一定是赉安获得建筑认知和喜爱建筑的启蒙之地吧。

我在塞纳河左岸的巴黎美术学院(又称巴黎国立高等美术学院)的周边徜徉了多天。从学院所在的波拿巴街到花神咖啡馆,我一遍遍在脑海里构思着意气风发的赉安在这里的学习生活状态。巴黎给予赉安最初的建筑之梦从这里开始,随后军队服役的经历又使他得到独立生活的磨练。1914年8月至1919年10月,赉安参加了第一次世界大战。他成为杰出的英雄战士,他的坚强意志和学院派的建筑学基础成为后来他在上海创业成功的基石。1920年1月,他终于抵达了上海,那是多么壮阔的远行啊。

在安德莱先生居住的法国南部小镇索沃(Sauve),我有缘见到小镇上的人们和那些铺设着大石头的窄街小巷,以及石头垒砌的几百年历史的古老建筑。安德莱将我安排在小镇上最富艺术气息

Sauve André Dechifre sur les traces de son grand-père

Après des années de recherches, l'artiste a découvert que son ancêtre était un architecte très connu à Shanghai.

André Dechifre, peintre, sculpteur, vit à Sauve depuis 20 ans mais depuis quelques années, il est à la recherche de son grand-père qu'il n'a pas connu.

Après des années d'enquête, André découvre que son grand-père n'est autre que l'illustre architecte Alexandre Léonard, (Lai An en chinois), bien connu à Shanghai pour son architecture, mais totalement méconnu en France. Alexandre Léonard est un architecte français né à Paris le 26 novembre 1890, disparu à Shanghai le 13 mars 1946, sans que soit établi son acte de décès.

Un livre doit paraître en octobre 2017

Aussi, André décide d'écrire un livre sur les œuvres architecturales de son grand-père. Il se met en relation avec les autorités et recherches après recherches, il retrouve des amis comme Monsieur Shunmin Wu, écrivain français et passionné des œuvres d'Alexandre Léonard.

Petit à petit, les relations franco-chinoises s'installent et avec l'aide de ses amis, il finalise son livre qui doit sortir en octobre 2017. Pour l'occasion, il a invité ses amis Chinois à Sauve le mardi 3 janvier. Alexandra Molard, maire, les a reçus comme il se doit.

● Balade contée autour du Vidourle

Le deuxième dimanche de chaque mois, et ce jusqu'en mai 2017, Un dimanche à Sauve propose une balade contée autour du Vidourle accompagnée par Christine Jouneau et Danielle Rieu, avec environ 1h30 de marche et une heure de contes.

La prochaine aura lieu dimanche 15 janvier. Départ à 14 heures de la place Astruc, à Sauve. Participation libre. Les chiens ne sont pas acceptés. Infos au 04 66 77 56 18 ou 06 83 86 60 12.

Correes. ML : 06 14 70 17 95 + midilibre.fr

■ André Dechifre, au centre, et M. Shunmin Wu à sa droite.

2017年1月,作者拜访安德莱居住的索沃小镇。这是当地报纸所做的报道。图中的左四为作者,左五为安德莱,右二为翁扬(**Yann Ong**),右一为拉贝(**Patrick Labbaye**)

的民宿里小住几日。那天黄昏,我坐在窗口,视线越过古老的蓝色木格子窗,看着窗外的橘色夕阳渐渐被深蓝色的天幕所笼罩。我再次想起了安德莱说过的话:"我的母亲娜芮特真的,真的是因为长久思念她的父亲并得不到父亲的消息而死去的。所以,我要完成母亲的夙愿,我要将外公赉安的生活轨迹多走几遍,让更多的人知道在世界建筑史上、在上海,赉安有浓重的一笔。"

法国行结束前,我选择将罗马作为最后一站,因为,那里的美迪奇别墅(法兰西学院)是赉安心心念念却没有实现继续深造的遗憾之地。站在这座古老家族遗存的别墅前，我想，当年，赉安若是得到了来此深造的机会，也许他就不会赌气地离开学校去阿尔及尔服役了，也不会在阿尔及尔邂逅自己生命中极其重要的几位法籍冒险家，更不会去遥远的东方开创自己的建筑师生涯了。那么赉安的人生轨迹会是怎样的？我无法想象。

从1920年来到上海直至1946年失踪后身亡，25年的时光里，赉安为上海设计了众多建筑。从早期西式复古的别墅建筑到中期装饰派艺术风格的建筑，再到后期完全现代主义风格的建筑，赉安为上海近代建筑多元文化的"万国建筑世博会"贡献了华丽的乐章。他的建筑作品有一个建筑大师所具备的独立思考能力和固定建筑风格，这是上海近代建筑风格和建筑历史必须记载的一段历史。中国科学院院士、同济大学建筑与城市规划学院教授郑时龄曾经说："赉安洋行设计的住宅作品，每件都堪称精品。一以贯之的现代风格，逐步改变了人们的生活方式，对我们现在的住宅设计有借鉴意义。"

曾经名满天下的建筑大师赉安，差点被历史长河逐渐冲刷掉痕迹。在我的不断努力下，如今，赉安的一些生活轨迹和建筑地图版面被摸索了出来，赉安设计的建筑被一一探寻，他的身影开始在历史尘埃中慢慢浮现出来。值得一书的是，在探索赉安足迹的同时，我还寻找到了赉安洋行在印度支那分行的一些资料，并多次去越南的胡志明市和大叻市体验赉安洋行的建筑作品。通过五年多的探索，《来自法国的上海人——建筑大师赉安传奇》即将付梓。忐忑之间，还希望得到更多人的斧正。期待着新的故事、新的历史资料被挖掘。期待！期待！

吴飞鹏
2020年10月21日

目 录

第一章 年轻的岁月 ·· 1
  巴黎的大堂 ·· 1
  1900 年巴黎世博会 ································ 13
  从莫里哀中学到巴黎美术学院 ···················· 16
  阿尔及尔的军旅生涯 ······························ 29
  一战的英雄诗篇 ··································· 35

第二章 上海的黎明 ·· 46
  法租界外滩 ·· 46
  立足之初 ·· 53
  创立赉安洋行 ······································ 61
  一鸣惊人的别墅 ··································· 68
  荣光闪耀的时刻 ··································· 78

第三章 现代主义风格建筑的开端 ······················ 92
  1925 年巴黎世博会 ································ 92
  现代主义风格别墅的诞生 ························ 101
  国际现代建筑协会 ································ 109

第四章 入梦"东方巴黎" ································ 115
  繁华争起霞飞路 ··································· 115
  艺术风格杂糅的高恩路 ··························· 127

	麦尼尼路上的爱棠花园	133
第五章	走向现代主义的辉煌	138
	现代公共建筑高潮迭起	138
	经典之作盖斯康公寓	145
	为杜月笙和黄金荣设计作品	156
	震旦大学和圣玛利亚医院	165
第六章	悲喜交错的命运	179
	第一次爱情悲剧	179
	难忘的1935年	187
	爱情之家麦琪公寓	190
	1937年巴黎世博会	198
第七章	繁华不再	203
	孤岛沉沦	203
	在西贡	207
	阿麦伦公寓	216
	第二次爱情悲剧及赉安之死	227
第八章	尾声——1946年之后	233
	赉安之女娜芮特	233
	赉安之外孙安德莱	235

附录一：赉安洋行在上海的建筑设计作品 ………… 239
附录二：赉安洋行印度支那分行在越南的建筑设计作品 …… 274
后　　记 ………… 276

第一章　年轻的岁月

巴黎的大堂

人在巴黎,战神广场上的埃菲尔铁塔是必去的地方。站在这座新艺术风格的庞然大物的观景台上,俯瞰巴黎城市景观,那是极其赏心悦目的。远眺,整个巴黎城就像一幅巨大而精美的立体城市彩色地图。它蕴含着细腻的色调和平静安详的气氛。深邃的蓝天下,浅黄色基调的建筑群分布在城市的各个角落,纵横交错的高顶斜坡屋顶连绵起伏,华丽的宫殿与法式园林,工整的公寓与教堂的尖顶将一座城市的风貌尽情展现。呈放射状的笔直大道和阡陌小巷交错有序。洒满阳光的金色塞纳河蜿蜒流过城市中心,将这座美丽的城市劈为左岸和右岸,穿梭的游船穿越一座座古朴的桥梁,由远及近,由近及远。

漫步在巴黎古老的街道和小巷,绵延不绝的小石块铺就的小巷,四面围合的奥斯曼风格的公寓建筑层层地漾开,用手触摸古老建筑的石头墙,仰慕地注视着门楣上厚重的浮雕,仿佛身临其境在19世纪的街道上。亮闪闪的一座石头城在眼前婉转,到处是历史和时间的痕迹,令人不舍离开。

这些由乔治·尤金·奥斯曼(Georges Eugene Haussmann)于

夜幕降临时分,人们坐在巴黎歌剧院的台阶上,沉浸在周边的宏伟建筑群中

1859年开始大规模改建的巴黎中心,以成群的沿街公寓建筑为主,至今仍然充满城市景观的十足魅力。它们都有统一的风格,大部分呈围合型,建筑与建筑紧紧相连,四面都有多个入口通往繁华的街市。这些公寓建筑的开窗都有统一的样式,或繁复或简约,建筑的外立面都是统一的石灰石材料和基本统一的淡黄色基调,虽没有精雕细琢的华美,却有着严谨而细腻的凹凸线条,或横向或纵向。它们结构非常完整,高度基本相同,既工整又有威严之态。它们都有高屋顶、老虎窗和大烟囱,体现了奥斯曼风格建筑的独特之美。

奥斯曼建筑群的周边,奥斯曼大街和香榭丽舍大街分布其中。人们不会不去这两条著名的街道,连巴黎人也不例外。徜徉在古意浓浓又富含时尚的街区,转角的咖啡馆会不时与你相遇,它们几乎都保持着一百多年前的模样。咖啡馆的露天区域就像一座岛屿,巴黎人和游客在此优雅地闲坐。二楼的咖啡馆阳台像歌剧院的小包厢,两个游客支撑着脑袋看楼下的悠闲过客。咖啡馆内,大红色的座椅与黑色的沙发,以及墙上的油画都散发着艺术的情调。咖啡的芬芳夹杂着巴黎特有的香水味道在咖啡馆里弥漫。轻盈的男招待穿着黑色小礼服,梳着光亮的头发,围着洁白的小围裙里里外外穿梭。在巴黎,只要是老咖啡馆,你都会听到一些与名人有关的故事,波伏娃、萨特、海明威、毕加索,他们都曾经是这里的常客。

在巴黎的中心有一个地方被称为大堂(Les Halles)。它东临塞瓦斯托波尔大道(Boulevard de Sebastopol),著名的蓬皮杜国家艺术文化中心和斯特拉文斯基广场就在那里;它南临伯杰街(Rue Berger)、圣奥诺雷路(Rue Saint honor)以及塞纳河边的卢浮宫就在那里;它的西面是卢浮街(Rue du Louvre),法兰西喜剧院和皇宫在那里;大堂的北面紧贴着朗布托街(Rue Rambuteau),美丽的圣厄斯塔什教堂(Saint Eustache)就在那条路上。

巴黎大堂从12世纪腓力二世时期开始便是远近闻名的露天食品交易市场。作为巴黎食品供应的流通市场,这里的谷物、蔬菜、家禽、肉类、乳制品、红酒的交易有着几百年的历史,从当初在户外空地进行的食品交易,到庞大建筑内更加多元化的商品交易,法国一步步从农业经济发展成为都市经济。

1860年左右,建筑师维克多·巴尔塔为这里设计了一座伟大的建筑,它是一座大型钢铁结构撑起的带有大玻璃顶盖的十个华丽的"大敞篷"。这座在当时已经非常现代化、由大体量的玻璃与钢铁构成的建筑被周围的奥斯曼建筑包围着。巴黎的第一条地铁于1900年在这里开通后,为当年最商业、最繁华的地区增添了现

巴黎中央食品交易市场的十个大敞篷和其背后圆塔状的巴黎证券交易所(照片来自网络)

代化的动感。这个自古以来的巴黎中心,被著名作家左拉比喻为"巴黎之胃"。

左拉的小说《巴黎之胃》里是这样描写大堂食品交易市场的:佛罗鸿(小说的男主)抬起眼看着高处的拱顶,在黑色花边铁支架里的木头闪闪发光。当他走到中间最大的一条街时,他不禁想着这是个奇特的城市,分割明确的市区、郊区、村庄以及散步的步道与街道、广场与十字路口,然后由于某天下雨,突然的心血来潮,这一切全都覆盖在一个搭棚下面。在屋顶凹陷处瘩瘵的阴影,让人不仅看见更大片的柱廊,也让柱廊间较细致的骨架延到天边。一条条走道,透明的百叶窗,这一切都在这个城市之上,直达黑暗深处。像是一大片森林与花,金属惊人地绽放,其枝干蹿升如火箭一般,分枝则扭曲结节,以一种百年森林轻巧的叶片遮盖住这世界。

环绕"巴黎之胃"的老建筑鳞次栉比,从路易十四开创世界之都的雏形,到我们至今能看见的卢浮宫、荣军院、国王广场和完全有着优良规划的城市道路,巴黎走过了几百年的历史,其中还经历了拿破仑时代和王朝复辟。19世纪初叶,巴黎成功地塑造了法国首都的形象。就城市的结构和经济的繁荣而言,当时的巴黎是世界的中心毋庸置疑。

1900年前后,社会主义运动逐步启蒙,一些受到德国共产主义思想熏陶的社会进步人士开始驻扎在大堂地区,他们的代表人物是1902年创立法国社会党的领袖让·饶勒斯(Jean Jaures)和让·龙格(Jean Longuet)。他们于1904年创办的《人道报》后来成为法国社会党的中央机关报。

遗憾的是,如今的巴黎再也看不见古老宏大的大堂食品交易市场了。1971年它被拆除了,取而代之的是1979年开业的现代化的地下购物中心(Forum Des Halles)。充满商业繁荣的交易市场被拆除后,原先8号禽类市场的巴勒塔亭得以幸存,并被转移至巴黎郊区马恩河畔的诺让(Nogent sur Marne),而3号巴勒塔亭则被展示在日本横滨的海景公园内。

原来的大堂如今是一座宽广的敞开式公园,不过,在靠近卢浮街的一侧,曾经作为谷物交易市场的新古典主义圆形大楼依旧在。这座圆形大楼在经历了约百年的玉米、面粉的交易之后,又在1889年变身为巴黎证券交易所(Bourse de Commerce)。如今,巴黎证券交易所摇身一变,已经成为安藤忠雄设计改造的私人艺术博物馆。这个私人博物馆属于开云集团的创始人——法国富豪弗朗索瓦·皮诺(François Pinault)。

在大堂的北面,圣厄斯塔什教堂的东首,朗布托街延伸出一条

如今，在大堂谷物交易市场的遗址上建立起来的巴黎证券交易所已被改造为一家私人艺术博物馆

古朴的蒂里比勾街（Rue de Turbigo）。蒂里比勾街与法兰西街（Rue Francaise）的交叉之处，一座古老的公寓建筑至今仍保留着19世纪中叶的模样。在众多的奥斯曼风格的建筑群里，它显得再普通不过了。它有着芒萨尔式的高屋顶，横向排列的内凹窗，凸出的窗框和窗台，立面上的线条刚硬有力、做工精细，二楼有一排精致的金属阳台栏杆围合着转角以及转角的两侧。

我们未来的建筑大师亚历山大·赉安（Alexandre Leonard）于1890年11月26日诞生于此（1 Rue Francaise），并在此度过了童年与少年的时光。大约在1910年的下半年，赉安一家从法兰西街搬到了大堂南面的普罗瓦利斯街3号（3 Rue des prouvaires），这同样也是一座19世纪中叶建筑风格的奥斯曼公寓，赉安在此居住到1919年12月末，期间，他经历了第一次世界大战的艰苦岁月。

巴黎弗朗西斯街1号，赉安在巴黎的旧居之一

赉安的母亲玛丽娅·露易丝·伦纳德(Marie-Louise Leonard)，婚前姓马德鲁(Madroux)。赉安的母亲于1867年2月2日出生于法国巴黎东南郊区塞纳·马恩省的蒙特罗(Montereau)，1954年逝世于巴黎西南郊区韦利济·维拉库布莱(Velisy-Villacoublay)。玛丽娅·露易丝是一个美丽果敢的女子，且能言善辩，性格刚强，很有生意头脑，年轻时是法国社会党的核心人物之一，第二次世界大战后加入了法国共产党。她最后的伴侣是一位葡萄牙外交家，他被赉安之女娜芮特(Nanette)称为"懒人"。娜芮特是家人对她的爱称，她真正的名字是玛丽娅·珍妮(Marie jeanne)。娜芮特之子，赉安的外孙安德莱先生(Andre Dechifre)曾经说："我的外祖母玛丽娅·露易斯在巴黎大堂是很有名的乳制品批发商人。"

赉安的父亲亨利·伦纳德(Henri Leonard)1861年12月26日出生在塞纳·马恩省的古艾(Gouaix)。他曾在巴黎大堂当工人，1891年，他不幸感染了流感在巴黎去世。我们至今完全没有找到

青年贲安在巴黎照相馆的留影

任何其他有关他父亲的资料,那时候,贲安才一岁。贲安的哥哥费尔南德·亨利(Fernand Henri)比贲安大一岁。

贲安的母亲玛丽娅·露易丝是巴黎大堂食品交易市场的乳制品经营商人。交易市场会收购各种奶(牛奶、山羊奶、绵羊奶)以及各种奶制品(来自法国各个地区的奶酪)还有鸡蛋。玛丽娅·露易丝主要销售黄油和尚蒂伊鲜奶给巴黎的酒吧和餐馆。在她那个时代,奶油咖啡或者牛奶咖啡配着黄油长棍面包一起吃,才能被视作一道完美的美食。

作为大堂的乳制品批发商人,玛丽娅·露易丝必须卖出更多的奶酪和牛奶才能养育两个儿子和应付家庭的开支。玛丽娅·露易丝销售的乳制品远近闻名,尚蒂伊乳制品的品牌知名度和玛丽娅·露易丝的名字紧密联系在一起。另外,玛丽娅·露易丝还要参加一些社会党组织的策划活动和聚会。尽管生活并不轻松,她依然顽强地担负起家庭和社会的责任。

赛安之母(1867—1954)

拍摄于1890年的赛安之父

赛安的外孙安德莱曾经说,从1893年,盖得(Guesde)、拉法格(Lafargue)和让·龙格创办法国社会党的时候,他的外祖母露易丝已经是该党的核心人物。大约1895年,外祖母露易丝将自己和两个孩子居住的公寓的一部分租给了社会党早期的领袖人物让·龙格。让·龙格住进赛安家的时候,赛安才四五岁。让·龙格的信息非常特殊,他是共产主义运动的先驱卡尔·马克思的外孙,即马克思女儿燕妮·马克思和女婿沙尔·龙格的儿子。

1900年,龙格娶了安妮塔·德沃(Anita Desvaux,1875—1960)

赉安之母玛丽娅·露易丝的出生证明（照片来源：安德莱）

玛丽娅·露易丝的死亡证明（照片来源：安德莱）

为妻。他们有两个儿子，罗伯尔·让·龙格（Robert Jean Longuet，1901—1987）和卡尔·让·龙格（Karl Jean Longuet，1904—1981）。罗伯尔·让·龙格曾经写过一本书《我的外曾祖父卡尔·马克思》。

赉安6岁时进入哥哥所在的学校就读。每天，兄弟俩沿着古老的街道从家里出发去学校。放学后,哥哥牵着他的手经过热闹的街区,他总是忍不住看看橱窗里的摆设。他好奇橱窗里的皮鞋是如何被高高地悬空着,一点没注意那根极细的透明绳子。有时经过电影院,他会脱离哥哥的手凝视一幅巨大的电影海报。热闹的街道、繁忙的人流和卖艺人的杂耍总能让兄弟俩流连忘返。偶尔,他们也会看一场无声电影,或是吃冰激凌。他们穿过魅力十足的街市,走过转角的一座座咖啡馆。当眼前出现巨大的钢结构玻璃天棚的大堂食品交易市场时,会不断有人和兄弟俩打招呼。

从法兰西街到大堂的食品交易市场,贲安只需要步行两百米左右,这里是他最为亲切和熟悉的地方。他心中的巴黎就是这样繁荣、忙碌、生机勃勃,绽放着明亮和诗意。食品交易市场犹如迷宫,巨大的钢结构玻璃天棚展示着工业革命的成果,这完全符合他对神秘的现代建筑的想象。每天下课后,贲安和哥哥在店铺不引人注目的角落里,趴在桌子上做功课,只要一有空隙,母亲就会麻利地收拾干净柜台,然后来到他们面前监督他们的功课完成情况。晚饭前,贲安一定会坐在窗口画画。行走的人、鲜花铺、面包店、玻璃天棚、路灯、公寓、教堂,这些街景和穿梭的人群,他从没有厌倦的时候。偶尔,他也会选择一个合适的角度将对面的圣厄斯塔什教堂画在速写本上。

这座被称为巴黎第二大的圣厄斯塔什教堂,曾经是来自各地的城市居民的心灵故乡。贲安迷恋上了教堂广场和教堂建筑。圣厄斯塔什教堂的绝美飞扶壁和几座与众不同的钟塔都是他再熟悉不过的建筑式样了。他很小就在建筑杂志上寻找这些飞扶壁和钟塔的建筑风格出自哪里。

贲安的童年几乎都是在对绘画的兴趣中度过的。母亲整日在

圣厄斯塔什教堂的飞扶壁和钟塔是赉安童年最为熟悉的罗马风教堂

奶酪店里与顾客打交道。琳琅满目的尚蒂伊奶制品在那时已经为人所爱。母亲很会说话,声音洪亮,语言流畅,常常还能幽默几句,顾客们总是快乐地进门,与母亲聊上几句,或是给可爱的赉安做一个鬼脸。这时候,赉安多半在做功课,他总会无声地还一个鬼脸给他们。对于好奇心很重的赉安,大堂成为他观察社会的学校,尤其是当那些朝气蓬勃的社会党人来到大堂,他能体会到社会党人的热情和他们团结的气氛。他经常对一些看见的听见的事情产生好奇,每天黄昏时分只要完成了作业,他就会追着身边的大人们刨根问底。那些社会党人个个都乐意回答这个可爱男孩的提问,他们常常不厌其烦地在店铺里给予他满意的答案或启发。当然,给予赉安最多答案的人是母亲,而给予他的绘画作品最多评价的却是那些才华横溢的社会党领袖们,其中就有让·饶勒斯和让·龙格。

早期法国社会党的高级党员来自不同的国家。他们常常在赉安的家里聚会,并且,他们常常使用俄罗斯语、英语,这为赉安和哥哥亨利学习外语提供了有利条件。虽然从小失去父爱,但赉安并没有缺失关怀,相反,他经常在心里暗暗佩服母亲的才智和永不气馁的精神。母亲有勇有谋和敢于承担的性格始终影响着赉安。

巴黎大堂的食品交易市场和法兰西街的家在赉安的生命中是永远的原点,很多年以后,他离开了这里,走向学校,走向战场,走到了中国;但是,巴黎大堂永远都是他心中的法国,是他心灵深处的故乡。

1900年巴黎世博会

1900年,新世纪之初,整个法国似乎只在忙碌一件事情,那就是巴黎世界博览会(简称"世博会")。世博会的工地一片繁忙景象。香榭丽舍大街上,大皇宫和小皇宫的亦古亦今之美已经初露容颜,边上横跨塞纳河两岸的亚历山大三世桥的建造也已经进入尾声。即将开通的地铁站入口,那些玻璃和铸铁构成的顶棚犹如昆虫透明的翅膀轻盈而优雅,两边的铸铁支撑曲线自然,显示着新艺术运动装饰的特点,这些由法国建筑师埃克托尔·吉马尔设计的地铁站证明了新艺术运动的魅力。香榭丽舍大街上到处张贴着世博会的海报,这些海报上醒目地写着:回眸19世纪的科技成就。人们期待着全世界都能看见一个辉煌的巴黎,这个被后来的人们称为"美好时代"的序幕正在徐徐打开。

1900年4月14日,巴黎世博会如期举行,虽然有些场馆还没有完全竣工,但是,大皇宫和小皇宫的庞大规模和华美之气已经令全世界惊讶不已。9岁的赉安从法兰西街穿过大堂的交易市场,经过卢浮街来到亚历山大三世桥。他在大皇宫和小皇宫里逗留了整整一天。在这里,他看见了一排排庄严的爱奥尼克柱和立面上的精美雕塑,也看见了新艺术运动风格的钢筋混凝土楼梯,那些铸铁的楼梯栏杆有着精巧的图案和流畅的弧度。他流连忘返于综合展览大厅、贵宾休息厅和科学厅之间,看那些别具一格的建筑和展品。对于赉安来说,从那一天开始,世界给他打开了一扇神奇之门,犹如黑夜中看见了闪亮的启明星。通过极具魅力的巴黎世博会,赉安得以看见庞大的工业化奇迹的汇展,得以看见各个国家不同风格的建筑和稀奇古怪的工艺品、食品、农产品,还有来自世界各地的不同相貌的人和他们带来的异域风情。每个参展的国家都在这里修建了代表自己国家文化的建筑并将国家的艺术特色体现在建筑上。

赉安非常喜欢此次世博会的两个新艺术运动风格的建筑:埃菲尔塔脚下的蓝色馆和西格弗里德·宾的"新艺术之家"画廊。西格弗里德·宾是新艺术运动的重要代表人物,赉安曾经多次去他在巴黎的"新艺术之家"画廊参观。此次在世博会上看见西格弗里德·宾的家具设计,赉安不仅没有觉得那些有浪漫曲线的家具有什么古怪,反而觉得那些装饰非常美妙。

巴黎世博会打开了赉安的视野,他在小小的年纪,已经知道世界是多么大、多么神奇,而巴黎城市面貌则给全世界城市的繁荣做出了很好的榜样,这令赉安自豪无比。他在闪亮的工业机器前看了又看不舍得离开,那些发动机、齿轮、自动扶梯、钟表的小零件总是令他出神。他琢磨着它们如何咬合、如何连接、如何通过电流分毫不差地转动起来。

那一天的新奇感受一直萦绕在他的大脑里,他觉得世界太奇妙了,心里有无数的为什么需要解答。他知道世界就要大变了,就像广告上说的——20世纪就是现代化工业的世界,摩天大楼会拔地而起,电气时代的到来会将现代化的城市照得灯火通明。

从4月至11月,长达六个月的世博会被来自世界各地的几千万人团团围住。巴黎市中心更是以无与伦比的繁荣场景迎接人们的到来,埃菲尔铁塔、巴黎圣母院、调色板咖啡馆、红磨坊歌舞厅人满为患。巴黎简直成了世界的中心和旅游胜地,埃菲尔铁塔更是人流如织,人们耐心地聚集在铁塔下排队,在烈日下或是在风里雨里等候登上铁塔。

几乎一有时间,赍安就往世博会所在的大皇宫和小皇宫跑。世博会上的那些现代的水泥建筑令他神往,他开始留意巴黎的建筑与世博会建筑的不同风格。他也常常沿着塞纳河跑到卢浮宫和巴黎圣母院去仔细观看建筑的细节,虽然不懂结构和力学,但是,他完全可以感受这些建筑在艺术上的造诣和神奇魅力。他知道,古老与现代是建筑的不同语言,自己要了解更多的东西,必须进入大学深造。

赍安每天翻阅报纸关注世博会的最新消息,一些对世博会极尽赞颂的报道令他心中欢喜。他还在建筑杂志上知道了大皇宫和小皇宫的设计者的名字,综合展览大厅、贵宾休息厅和科学厅分别是建筑师杜根(Henri Deglane)、卢韦(Louis Albert Louvet)和托马斯(Albert Thomas)设计的。这几个展厅的设计项目由建筑师吉罗(Charles Girault)统筹。这四个人都毕业于著名的巴黎美术学院,而且,他们都曾经获得罗马奖学金去意大利深造。那时候,赍安第一次知道城市规划的说法,也知道了美迪奇家族与艺术的关联,以及充满各种革命主义的法国,还有建筑师之间的互相攻击与诋毁。

他开始花大量的时间临摹大师的绘画作品,并开始关注新艺术作品。1900年的世博会上,新艺术的世博会上,新艺术运动的大放异彩成为日后逐渐发展的装饰艺术派的前奏。

这次巴黎世博会给年少的赉安留下了不可磨灭的印象。新世纪降临的第一年,巴黎就受到了整个世界的关注,这让他感到自己祖国的欣欣向荣和伟大。

在巴黎震惊了世界的同时,巴黎人的生活也得到了很好的改善。那时的赉安哪里会想到,这次巴黎的盛会竟是欧洲社会美好生活的开端。之后的14年,也就是第一次世界大战之前,赉安沐浴在知识和美学的阳光里逐步成长起来。

从莫里哀中学到巴黎美术学院

大约在赉安五六岁的时候,让·龙格成为赉安家的租客,并成为赉安母亲的亲密战友。我们目前并不知道赉安在童年成长时期与这位新闻记者、律师和著名的社会主义运动领袖人物详细的相处情况。龙格这个留着浓密八字胡须,鼻梁上架着无框眼镜的犹太男人,在冬天总是穿一件黑色呢料长大衣,头戴一顶黑色的软呢帽穿行在巴黎的街道上,常常是为了奔赴一场革命会议或是聚会。赉安的母亲是龙格组织会议或聚会的积极参与者,甚至是不可或缺的人物。我想,赉安不可能没有受到过革命运动的熏陶。

从小在巴黎大堂长大的赉安,他看见过太多的人和事。在繁荣、喧哗的巴黎,有犹太人、瑞士人、德国人,他自有对他们不同的认识和理解。那时,赉安已经很清楚地知道,犹太人不仅仅会做生意,他们有礼貌有家教,注重教育质量,他们千年来被迫流浪,无家可归,他们到处躲藏却忠于自己的信仰,保持自己的气节。

根据赉安前后两个妻子均是犹太人这个事实,是否可以推断出赉安喜欢斗志昂扬的犹太人让·龙格？而且，赉安对犹太人不仅是同情，还有用行动来表示的喜欢，赉安在大堂生活期间常常与犹太人接触。赉安对犹太人的同情和敬佩是否深受让·龙格的影响？

19世纪，法国早期的社会党派系林立，有马克思主义、蒲鲁东主义、布朗基主义、布鲁斯主义以及一些独立的社会主义者。1902年前后，这些力量重新组合，形成两派，一派是由盖德领导的法兰西社会党，另一派则是聚集在饶勒斯周围的法国社会党。1905年两派合并成统一的社会党，即"社会党－工人国际法国支部"。从统一到第一次世界大战爆发前，法国社会党的精神领袖是饶勒斯。

饶勒斯常常来母亲的乳品店，他在赉安的心里则多了一份亲切感。虽然赉安并不能完全理解社会主义的理论，但是，他知道自己正处于一个变革的时代，仿佛一切要从头来过。他知道社会党人都有坚定、朴实和激情的一面。社会党人的激情和斗志给赉安留下了深刻的印象。

1906年，即将16岁的赉安毕业于莫里哀街4号（4 Rue Moliere）的莫里哀中学（College J-B Poquelin）。这条由西南往东北倾斜的莫里哀街，一头挨着著名的歌剧院街，一头紧贴着皇家花园的黎塞留街。皇家花园的南面是皇宫宫殿。1632年，红衣主教黎塞留将自己的宅邸改造为红衣主教宫，后来这里成了皇家宫殿。皇家宫殿是国王路易十四和后来的国王路易·菲利普儿时生活之地。1680年，皇家宫殿的转角处，法国喜剧院开始上演路易十四时期的莫里哀的戏剧。

赉安在莫里哀中学完成基础课程的学习，同时也得到绘画课程的培训。他的绘画启蒙和由兴趣转为一生重要目标的设定是在

巴黎莫里哀中学的校门,这里曾经走出一位杰出的建筑大师——赉安

莫里哀中学得到确认的。有关莫里哀中学的建校历史和赉安在此读书的情况,我们了解到的不多,不过,有一个叫爱丽丝·里约夫(Elise Rieuf,1897—1990)的女画家从 1931 年来到莫里哀中学当美术老师,直到 1940 年。

爱丽丝·里约夫 1897 年出生于法国康塔勒省的马斯亚科。1927 年,里约夫在巴黎认识了上海赉安洋行的另一个股东保罗·维塞尔(Paul Veyssiere),然后跟随爱情来到上海直到 1930 年年末。她在上海的三年就职于上海赉安洋行,业余时间创作油画。她为上海滩"教父"杜月笙一家创作的油画肖像颇有名气。遗憾的是,1930 年,里约夫和维塞尔分手后还是回到了巴黎。里约夫于 1940—1942 年期间,写就了一部关于绘画的手稿《大师之课》。1960 年,退休后的里约夫居住在法国南部城市普罗旺斯的埃克斯。1986 年,她重返出生地马斯亚科,1990 年在那里去世。如今,马斯亚科有爱丽丝·里约夫博物馆。2010 年 5 月,爱丽丝·里约

爱丽丝·里约夫自画像

Élise Rieuf
Autoportrait au camélia (1935)
Musée E.Rieuf - Massiac

夫的"在中国的日子(1927—1930)"绘画展览曾经在上海徐汇艺术馆展出。

  爱丽丝·里约夫在莫里哀中学担任美术老师期间,著名的法国存在主义作家、女权运动的创始人之一波伏娃于1936年9月由法国鲁昂圣女贞德中学调到莫里哀中学担任哲学课教师,成为她的同事。1937年9月,波伏娃与自己的学生比安卡产生了同性恋情。1938年秋天,波伏娃又与另一个学生丽丝产生了一段同性之爱。1939年波伏娃离开了莫里哀中学。

  1906年,贲安从莫里哀中学毕业后便立即投入紧张的升学考试。他在家里奋力地准备功课和绘画作品。为了考入向往已久的巴黎美术学院,贲安几乎有点疯狂起来。虽然早已完成了考试规定的20幅绘画作品,但是,他还是尽可能地大量作画以便重新选择更好的作品去参加考试。经过学院众多教授们的两轮面试,又

爱丽丝·里约夫"在中国的日子(1927—1930)"的展览海报

经过一轮现场的绘画考试，贲安顺利地进入了巴黎美术学院预科班。

巴黎美术学院建筑群矗立在塞纳河边，位于波拿巴街 14 号（14 Rue Bonaparte），它与著名的卢浮宫隔河相望，这个由路易十四建于 17 世纪的古典建筑群有着磅礴的气势和十足的皇家建筑群的风范。早在 17 世纪路易十四执政期间，巴黎创建了法兰西皇家绘画与雕塑学院；1669 年和 1671 年，巴黎又先后设立了皇家音乐学院和皇家建筑学院；1816 年，路易十八把这三间学院合并为法兰西艺术学院（Academie des Beaux-Arts）；在法兰西第二帝国拿破仑三世执政期间，法兰西艺术学院易名为巴黎美术学院（Ecole des Beaux-Arts）。

巴黎美术学院体系也称布扎体系（Beaux-Arts），为建筑界的教育体系之一。布扎体系是以"师徒制"为教学模式的教育方式。

贲安进入学院的预科班后，第一年是学习绘画和其他的基础课程；第二年，他如愿通过预科的学习并选择了美术专业。尽管学的是美术专业，但是，学院除了对油画、素描、雕塑和陶器的创作要求很高外，还要学生学习建筑学。第三年，贲安决定改学建筑。

学院的大部分学生来自富有高贵的家庭。贲安虽然只是出生于普通家庭，但是，他的形象、举止和学习上的出类拔萃都令人刮目相看。学生们整天想的都是出人头地，希望将本事练好，以后开个事务所成为名满天下的建筑设计大师。在这个诞生了不少建筑大师的巴黎，哪里施工开建了新建筑，哪里竣工了有特色有规模的建筑，上至宫廷，下至百姓，都会津津乐道。几百年来，巴黎的男女老少都有对建筑评论的热情和对城市发展的无比关注。

贲安自然潜移默化中受到了巴黎人对建筑的评论的影响，但是，他不会说"这是落伍的建筑"或是"这座建筑很美"之类的话，

尼古拉·普桑和皮埃尔·普杰的头像立在巴黎美术学院的门口

巴黎美术学院的主楼

他认为建筑就是艺术品,任何评价都必须有足够的知识和审美经验来支撑,要不然就是不负责任的评说。贲安不单想着建筑,他还想着更多的东西,比如对水彩画的喜欢,对机械的喜欢,有时候,他甚至想成为一个结构工程师。总之,和建筑有关的东西他都不想错过,并且要胜别人一筹。

在学院,每个人要单独设计一栋复杂的古典建筑,学生不仅要画出正式的平面图和剖面图,还要画施工图,以及详细的解释细节和构造,甚至包括所有的分析图来说明设计确实可以执行。每次独立完成作业的时间有限,每个人都会竭尽全力发挥想象力并解决技术的难题。虽然有各个学科的教授的指导,但是,第一次尝试做一件复杂的学院派的古典建筑,对于每个学生来说,都是不小的挑战。

贲安得到的第一个建筑设计作业是巴洛克风格的学院派宫廷建筑,这是为一座政府的公共建筑设计一个方案。贲安作业里的平面图复杂而精致,下笔精准有力,坚决果断,光与影对比强烈,就像钢刻板;平面图上的空白处填满了细节的注释,字迹坚毅清爽。他将希腊的古典柱式和巴洛克风格的罗马建筑风格结合在一起,不但有繁复的浅浮雕出现在各个立面上,还有四个转角的塔楼、两翼、中央塔楼、围合的庭院和室内椭圆形的空间。围合的庭院以古罗马半圆拱开窗,连续的拱窗秩序井然。他将一座巴洛克建筑用钢筋混凝土结构来设计,三层高的宫廷建筑虽有巴洛克的影子,如浮雕、券心石和壁龛,但是,整体结构垂直感极强,中央塔楼的入口处,撑起的大型雨篷气势不凡。

为了这个建筑的方案,贲安整日沉迷于古典建筑里不可自拔。每当碰到难以理解的地方,他就在巴黎城里四处观察建筑。整整两个月,他一有时间就流连在巴黎的大街小巷,曾经每天都擦肩而

青年赉安留影（照片来源：安德莱）

过的街道和熟悉的建筑，如今看来却是魅力无限。

赉安在设计古典建筑的时候，常常将建筑的细节或形状作一点改变，他从不希望自己的作品随意改变学院派的建筑理论，但是，在理论基础上的改变，他一直认为是可以尝试的。经过几个月的绞尽脑汁，他终于独立完成了设计任务并得到了教授们的高度评价。在学校里，他的知名度开始上升，教授们都对他刮目相看并给予他更多的提携和指导。

赉安深深体会到学习知识的重要性。他深知人们对事物的理解是有限的，哪怕习以为常的东西，往往都会熟视无睹。如果没有在美院系统地学习古典建筑的建筑语言和理论，在巴黎，那些成片的、以芒萨尔式坡屋顶为特征的、由法国人自己设计的完全没有巴洛克风格的建筑，便会被以为是舶来品。其实，芒萨尔式坡屋顶起源于法国，它是以17世纪法国建筑设计师佛朗索瓦·芒萨尔（Francois Mansart，1598—1666）的名字命名。芒萨尔在法国广为推广这种复折式屋顶。

赉安很敬佩芒萨尔，他认为，作为建筑大师，在整个世界都迷失在巴洛克建筑的时代，芒萨尔能以法国建筑为灵感设计和推广芒萨尔式坡屋顶，这是何等令人震惊的壮举。赉安为法国有这样忠于自己国家的建筑大师而骄傲。

除了学习建筑以外，他还选修了城市规划的课程。巴黎是世界上最早规划城市道路和景观的城市，这个历史可以追溯至17世纪后半叶大规模扩建卢浮宫的时期。那时的城市人口约40万。路易十四亲力亲为地实施了巴黎的城市规划，他要实现自己的祖父亨利四世的遗愿，那就是将巴黎建成一个王国的首都。赉安深感能居住在巴黎中心拥有芒萨尔式坡屋顶的公寓里是多么地幸运，这让他感觉自己与芒萨尔十分地贴近。

在进入美院的第三年，赉安已经非常喜欢城市设计的课程并开始在巴黎的几间建筑师事务所兼差。因一手了得的钢笔画和对建筑的理解能力，事务所只要有画透视图和平面图的机会总是先想到他。虽说只是兼差，但是，他看到了事务所的运行机制、人员配备和各尽其职的功能。有心的他用敏锐的眼睛观察着事务所如何运作、如何与客户交流。他的聪慧和能力为事务所的设计师们所赞扬。那段时期，他将一部分精力放在事务所里，只要一有时间，他就往事务所跑。没多久，他已经与事务所的设计师、工程师、绘图员们混熟了。那时，他已经开始注意建筑事务所的格局、经营等细节了。兼差的日子里，赉安感到很快活。他认为巴黎的建筑师事务所非常有制度，一群真正热爱建筑的人聚在一起，那种集体为一件事努力的精神，让他常常陷入美好的憧憬。

每年暑期，赉安都会去希腊和意大利旅行，毕竟，那里是古典建筑的起源地和理论高地。在美院读书的日子，几乎天天与古希腊、古罗马的建筑打交道，那些浮雕的图案，他已经能背熟了，那些希腊柱、罗马圆拱、哥特尖拱,他几乎随手就能栩栩如生地画上几笔。当他真正站在那些壮丽的古典建筑面前时,他学到的建筑美学知识和对经典历史建筑的无比崇拜,使他的灵魂得到了完美的洗涤。那年,他前往在罗马的美迪奇别墅参观,在校友的帮助下,他得到了在美迪奇别墅小住几日的机会。他看见了来自世界各地的未来音乐家、画家和建筑大师在美迪奇别墅内的法兰西学院学习的情景,他感受到了这座别墅完美的建筑艺术和精致华美的园林设计。

美迪奇别墅(Villa Medici)位于罗马西班牙广场阶梯上方的平乔山顶上,它建于1540年,是意大利文艺复兴时期的著名建筑。1570年主教斐迪南德·美迪奇买下了这座选址优良、毗邻主教圣三一教堂的宫廷式别墅。美迪奇家族是达芬奇一生中的主要支持者和赞助商。1663年路易十四设立的罗马奖学金已经资助了很多年轻的法国艺术人才在美迪奇别墅接受了大师的培训。赉安在美迪奇别墅的面前无法遏制地产生了要来此地接受培训的愿望。

每次旅行,赉安都以发掘新景点、观察当地的古典建筑和都市景观为主。旅行回来后总是带回画得满满的笔记本,这些笔记本成为他建筑生涯的最初记录。和每次作业一样,他会不厌其烦地将建筑的细节和特征写上自己的见解和注释,当然,他也会在图画上标出不少问号,以便今后查找资料寻找答案。

几年的求学岁月如流水一般过去,赉安所学到的建筑专业知识和绘画技巧,给了他极大的学习成就感。他对建筑的热情如一把熊熊燃烧的火焰。

在巴黎美术学院念书的几年时间里,赉安结交了不少朋友,有些甚至是某些课程中短暂出现的指导者或活动中认识的朋友。他的交际能力可能源于他童年在奶酪店里生活的潜移默化,也有可

罗马的美迪奇别墅（法兰西学院）

能是母亲和龙格的能言善辩给他的影响。无论怎样，他表面有点严肃，深邃的目光却极其地热烈，一旦与他谈论某个问题，他总是搬出一堆理论知识与朋友们辩论。虽然有时候他过于肯定自己的言论，但是，还不至于太出位。这些朋友中有些人成了他一生的知己，比如现代主义建筑大师勒·柯布西耶（Le Corbusier，1887—1965）。

1908年至1909年期间，出生于瑞士的勒·柯布西耶在巴黎游学。那时候，柯布西耶还在法国建筑师奥古斯特·贝瑞（Auguste Perret）的事务所工作。那段时期，贲安认识了比自己大三岁的勒·柯布西耶。因为志趣相投，他们经常见面，聊现代主义风格建筑，谈艺术，讨论建筑师的人生和前途。他们常常流连于左岸的咖啡馆，他们喜欢左岸的艺术气氛和混杂的自由倾向。那些艺术大师、文学大师经常出没的咖啡馆、小酒馆、书店，更是他们探讨建筑艺术的灵感之地。

有一家巴黎美术学院的学生和画家们特别喜欢的调色板咖啡馆（Cafe La Palette）就在美院的附近。年轻的贲安和柯布西耶常常坐在小酒吧喝苦艾酒，聊现代主义建筑。如果是寒冷的冬日，两个人则喜欢这个小酒吧的昏暗灯光所释放的强烈情绪,在那里,他们畅所欲言,主题永远是艺术和建筑。他们讨论现代建筑的趋势并畅想未来城市的格局,当然,参与讨论的人还有美院的学生和那些暂时没有获得名气的画家和建筑师们。巴黎本来就有辩论的传统,更别说这些特立独行的美院学生和独立画家了。

两个人曾经前往位于巴黎弗兰克林路25号的公寓,看建筑大师奥古斯特·贝瑞建造的巴黎第一座钢筋混凝土结构的钢筋公寓。这座混凝土结构的公寓给他们留下了深刻的印象并希冀在未来的建筑师生涯中能使用这样的先进技术。那时候,赉安绝不会想到柯布西耶会在几年后写作了一部影响力巨大的书籍《走向新建筑》。这本书对现代建筑潮流的蔓延有着举足轻重的影响力,而柯布西耶最终成为了世界级的建筑大师,赉安则在东方的上海成就了一座"法国城"。

在学习建筑设计的青年时代,赉安的每一天都被填得满满的,除了完成作业,他还必须研究超出书本知识的东西,比如数学、物理、经济、商业、城市规划等。多年来,所有童年时代对世界的好奇似乎都一一得到了答案,但他从来没有满足的一天。刨根问底的习惯使他觉得自己永远生活在一束永无止境的光线里,这条通往深处的光线直指未来,给他带来众多的奇遇。在这些奇遇世界里,他感到世界的复杂多样和光怪陆离。他很早就明白一个道理:不管怎样探求这些奇遇,人也只能是在某个领域才能得到奇遇的报答。爱因斯坦、玛丽·居里、卡尔·马克思、巴尔扎克、雨果……这些伟大的人物都能在自己专研的领域成为伟大的典范,于是,他在不到19岁的年纪已经完全确认自己必须成为一名伟大的建筑师。被他的探索欲望引导着,他走向那束通往神奇世界的五彩光线。

阿尔及尔的军旅生涯

1909年,贲安参加了盼望已久的罗马大奖(Prix Rome)的竞赛。罗马大奖是巴黎的艺术院每年颁发给选拔出来的优秀学生去罗马的法兰西学院公费学习四到五年的奖学金。如果参与选拔的学生得到了由路易十四创建的罗马大奖,就意味着他可以在罗马著名的美第奇别墅居住几年,这是学艺术的学生热切向往的精神圣地。最为难得的是,在罗马的法兰西学院能够得到意大利大师的指导。

志在必得的贲安得知自己的考试成绩名列前茅,却在公布的获奖名单里找不到自己的名字。他情绪激动地去找罗马大奖的评委,得到的答案是贲安有政治倾向问题。这让他感到不知所措,作为一个学习艺术的学生,自己一向不过问政治和宗教,哪来的政治倾向问题?虽然他很清楚龙格在巴黎的影响力,以及母亲社会党人的身份,但是,他依旧觉得这和自己的政治立场毫无关系。贲安能说会道,且很有胆量地据理力争,但是,一切已经无法挽回。一向顺风顺水的贲安遭遇了人生中第一次重大挫折。痛苦之下,他决定去服役,他要暂时离开美院,离开不公平对待自己的学校。

1910年4月,19岁的贲安在经历了一段郁郁寡欢的日子之后,前去步兵部队接受军队的常规军事训练。在军事训练期间,贲安一家离开了法兰西街1号,搬到了大堂北侧的普罗瓦利斯街3号(3 Rue des prouvaires)。

贲安一家在普罗瓦利斯街3号住了很长时间,至少在贲安之女娜芮特于1939年从上海到巴黎时,这里还是他们的家。顺便提

普罗瓦利斯街3号,赉安在巴黎的旧居之二

一下,赉安的外孙安德莱说,1922年在法国留学的中国革命者周恩来曾经亲自到赉安的家里拜见了当时已是社会党领袖之一的让·龙格,之后,周恩来在巴黎建立了中国共产党欧洲支部。

军事训练结束以后,赉安前往法国在海外的殖民地阿尔及利亚的著名城市阿尔及尔正式服役。1911年10月10日,赉安与母亲、哥哥告别,乘坐火车前往马赛港。1911年10月12日,赉安随一批入伍的年轻人在马赛港登上前往阿尔及尔的军用船。1911年10月13日,赉安抵达了地中海城市阿尔及尔。

阿尔及尔是位于非洲西北部地中海北岸的港口城市,1830年被法国侵占后成为法属北非殖民地中心。第二次世界大战期间,阿尔及尔曾一度成为法国的临时首都。二战时,阿尔及尔人民曾有过对法国殖民者的反抗运动。1962年,阿尔及利亚宣布独立,阿尔及尔被定为首都。

在阿尔及尔步兵基地,赉安开始了真正的军旅生涯。军旅的生活充实且强调纪律,步兵们每天在骄阳下出操、训练各种武器的使用。他们每个月总会有一次野战训练,常常是在沙漠或沼泽地里又爬又滚,挥汗如雨,或是在大雨里做冲锋陷阵的军事演习。最初的半年时间里,他们几乎在极度的疲乏和严格的军事化管理中度过的。

一年后,赉安完成了军事训练的大部分计划,白天,虽然依旧要各种训练,不过,训练的强度和时间的分配略有宽松。晚上,军人们可以在宿舍里喝啤酒。如果是周末的话,赉安会和队友去地中海岸边的小酒馆抽烟喝酒消磨时光。从军让赉安有机会离家并独立。他在军队里学会了粗粝和豪爽,但是在心里,他念念不忘的还是巴黎美术学院的学习生涯和无法割舍的建筑情结。

我们无法推测赉安服役期间在军队里发生的事情,更不能知晓这位未来的建筑大师那时思考过什么。他的外孙安德莱说,他在部队里从来没有停止过他的绘画和建筑设计。

1912年的某一天,天空格外澄净,凉爽的风,蓝色的地中海,一切都安静如初。就在这样美好的一天,赉安在咖啡馆里遇见了他生命中的几个贵人,他们是勒内·范诺(Rene Fano)、让·盘滕(Jean Beudin)、米歇尔·斯皮尔曼(Michel Speelman)。这三个人聚在阿尔及尔的咖啡馆里商讨在上海开设一家银行的事情。三个人都比赉安大十多岁,法国人范诺生于1878年,34岁;法国人盘滕生于1880年,32岁;荷兰人斯皮尔曼生于1877年,35岁。

那时,斯皮尔曼已经是上海华俄道胜银行里的高级职员了。

从左至右：米歇尔·斯皮尔曼、让·盘滕、勒内·范诺

他于1896年从俄国抵达上海（在俄国加入了俄国籍），开始了在东方的冒险生涯和传奇人生。而这一次，他坐邮船去巴黎，中途在阿尔及尔短暂停留并参与和盘滕、范诺一起创立上海银行的计划。

这三个人中，斯皮尔曼对在上海建立一家公司的兴趣和决心最大，虽然他已经决定去法国并要拿到法国国籍，这可能意味着他逃离上海华俄道胜银行另有其原因，据说，他让华俄道胜银行亏损了一大笔公款。斯皮尔曼是一个有远见的家伙，尽管只是在阿尔及尔的短暂停留，他依旧热情地参与了整个计划的讨论过程，冥冥之中他不舍放弃上海的冒险之路。他只是告诉这几个朋友，他暂时去法国是为了获得法国国籍，以后会回到上海与大家一起干。事实是，他后来确实在法国获得了法国国籍并于1914年回到了上海。更厉害的是，斯皮尔曼回到上海后担任过多届上海法租界公董局的董事，并且，他还是上海多家公司的大股东并逐步成为上海知名的冒险家和金融家，并在二战时期曾经担任援助欧洲来沪犹太难民委员会主席。

盘滕，这个毕业于蒙特利尔高等商业学院的法国人于1908年开始了在上海的冒险。野心极大的盘滕虽在上海多年事业没什么起色,却一心要开一家储蓄银行。这次在阿尔及尔的聚会,他是发起者,也是竭力实现梦想和鼓励冒险的勇者。

这次策划在上海创建储蓄银行的几个人中,法国人范诺也是极其积极的。1902年,范诺24岁时,他去了上海,并在上海东方汇理银行担任出纳员。他不缺金融行业的经验,因为他于1906年已经与外汇经纪人简·泰斯马尔(Jean Thesmar)有过一次合伙了。这个看上去温和的银行职员后来成为上海冒险家名单中的人物之一。1919年至1925年,范诺更是成为上海法租界公董局的董事。

他们的共同目标就是要在上海创建一家储蓄银行并将上海作为个人飞黄腾达的起点。他们每天在阿尔及尔的咖啡馆里热情洋溢地策划和互相鼓励,期间,本应是局外人的赉安贡献了自己的智慧,这些智慧被另外三个人所重视。他们认为赉安是不可多得的人才,他不仅具有成为建筑师的本领,还拥有不凡的见解和商业头脑。他们将赉安视为不可或缺的合作伙伴。而多天的讨论让赉安见识了什么叫壮志凌云。赉安清楚地知道,那三个新认识的朋友几乎一无所有,他们都是乘坐下等舱的邮船来到阿尔及尔的。他们曾经是上海的冒险者,虽然谈不上成功,但是,这三个人与众不同,他们所拥有的雄心和冒险精神不容小觑。经过多天的讨论,他们决定由范诺和盘滕回到上海创建上海万国储蓄会,斯皮尔曼则去了法国。

在异国他乡遇见三个雄心勃勃的男人之后,赉安的内心被熊熊烈火燃烧起来。他暗自决定退役后要回到学校继续学业并拿到建筑师营业执照。一旦从巴黎美术学院毕业,他一定会朝向建筑大师的目标前行。他将那几个上海的冒险家放在心里十分重要的位置,他甚至想好了要在时机成熟的时候奔向上海。从此,贲安的雄心变得越来越大。虽然只是空中楼阁,但是,他相信自己会有用武之地的。

1913年,贲安收到勒·柯布西耶的来信,知道好朋友已经在巴黎开设了自己的建筑师事务所。又过了没多久,范诺来信告诉他,在上海,他们已经在法租界公董局注册成立了上海万国储蓄会,大股东除了法国人外,也有几个中国人。

服役的最后一年,贲安过得特别充实,他与巴黎的建筑设计师们写信,讨论各种现代主义建筑的理论和设计思路。同时,他也保持着对那些上海朋友的热切关注。他告诉范诺,自己将在退役后回到学校进行为期两年的巴黎美术学院的继续学习,同时,他也流露出去遥远东方开创事业的想法。

1913年11月7日,贲安终于结束了在阿尔及尔两年的服役生涯。

当贲安踏上马赛的土地,他终于明白了回到祖国的感受。想着自己23岁的生日即将来临,想着自己又可以回到家,回到校园,他高兴至极,憧憬着美好生活。贲安与家人短暂团聚后,便利用退役后的假期前往欧洲旅行。他带了几本厚厚的笔记本出行,同时也带着对世界的渴望在欧洲各处探索建筑的博大精深。

在希腊,帕提农神庙的巨大视觉冲击和深厚的建筑技术吸引着贲安,虽然神庙只留下一座大堂,曾经辉煌的石雕已经不在,他依然能想象它们从前的胜景和巍峨,他被深深震撼了。在意大利佛罗伦萨的市政厅广场,面对海神喷泉的精美雕塑和美迪奇家族收藏的达·芬奇雕塑作品,他为之倾倒。那些艺术家的灵魂似乎出现在空气里,随时与他交流相处,每个角落和列柱,每一处破败的墙角,每一座姿态鲜活的雕塑,教堂入口的繁复层次,他都能感到前人留下的艺术作品是多么精湛。他一次次被震撼,一次次与那些艺术家进行灵魂对话,难舍难分。

一战的英雄诗篇

贲安旅行回到巴黎已经是夏季来临时分,本以为可以在巴黎度过一个炎热的夏天,却不料,欧洲出现了紧张的局势。1914年7月,整个世界都密切关注着同一件事情,那就是奥匈帝国皇位继承人斐迪南被塞尔维亚青年用枪打死的事件。7月28日,奥匈帝国在德国的支持下向塞尔维亚宣战,第一次世界大战爆发。

1914年7月31日,法国已经站在了战争的边缘,坚决反对战争的法国《人道报》创始人饶勒斯带领社会党代表团前往总理办公室与曾经的同事讨论反战事宜,然后回去组织社会党向议会施压。晚上9点钟,已经疲惫不堪的饶勒斯在蒙马特街146号的羊角面包餐厅(Taverne du Croissant)和几个同事一起吃晚饭,饶勒斯背靠打开的窗户而座。此时,在几步之外的街上,一个支持战争的狂热年轻人将枪瞄准了饶勒斯,然后连开两枪,饶勒斯重重地倒在餐桌上身亡。

当饶勒斯被暗杀的消息如惊雷一般传到贲安的耳朵里时,他被这突发事件震惊了。他拉着母亲的手从大堂跑到蒙马特街的事发现场。羊角面包餐厅门口已经聚集着众多悲愤与激动的人群,有人在哭泣,更多的人在怒吼。贲安和母亲看着救护车开过身边,又看着饶勒斯血淋淋的身躯在簇拥的人群中被抬上了车子。

贲安和母亲在夜色中疾步走到黎塞留街110号的《人道报》社址。这里已经围着很多人。人们的情绪已经从悲伤逐渐转化为愤

巴黎蒙马特街146号的羊角面包餐厅是让·饶勒斯被枪杀之地

怒。赉安义愤填膺,他不明白为什么那个狂热的战争支持者仅仅因为饶勒斯的反战宣传而置他于死地。但是,一切就这么发生了。

1914年8月2日,德军占领了卢森堡。1914年8月3日,赉安返回部队服役。母亲和哥哥送赉安走向军队的集合点,这一次,人人知道他们面临的是残酷的战争和死亡的威胁。赉安义无反顾地走进了第一次世界大战的队伍。他的建筑师的梦就这样中断了。

1914年8月4日,德军入侵比利时,德比血战开始了。

1914年8月8日,法军总参谋长约瑟夫·雅克·塞泽尔·霞飞(Joseph Jacques Césaire Joffre, 1852—1931)下达第一号军事命令,将法军的五个集团军紧急调往法国与比利时的边境,之后数年,这里成为一战的西线战场。

几天后,在巴黎负责训练新兵的赉安随部队一路艰辛抵达法国和比利时的边境。赉安被安排在西线的陆军第三军团第35飞艇连成为一名观测员,这显然是军队看上了赉安有服役的经历,以及能绘画、懂建筑的特殊能力。不仅如此,将领们一定看见了赉安潜在的果敢与不怕死的精神。在成千上万的战士里选上了赉安担任观察员也的确是军队将领的独具慧眼。一战时期的观测员是在空中垂吊的氢气球(也被称为飞艇)里观察战争地带的地形,包括观察德军占领地的地形、测绘德军战壕的位置和德军的军事装备位置等与战略有关的军事设施。由于德军驻扎在比利时与德国接壤的国境线附近,战线非常长。赉安每天的观测点都是移动的,常常需要走上十几公里,然后在需要的位置乘坐氢气球升空。这是战争中极其危险的职业,所以氢气球上会安置一把中型机枪和一个降落伞,以便观测员在紧急情况下用以自卫和逃生。地面上会有高射炮的保护,用于防卫被称为"气球破坏者"的德军飞行员低空射击观察员。另外,氢气球上安装了电话,可以和地面的人通话。聚集在边境的德军也有一些观测员会在空中与赉安相遇,如果是开战前,他们甚至还会挥挥手;一旦开战,双方都必须避开对方才能进行观测。赉安每次在氢气球上必须工作十几个小时,每一次登氢气球,他都做好了面对死亡的准备,很多次,他都侥幸地躲过了德国人的子弹。

观察员肩负着巨大的责任,不仅要胆大不怕死,还要具备在空中对着地图察看地形并及时做出判断的能力;而且,大部分地方根本就没有地图,往往还需要在氢气球上画地形的草图,这时,观察员的镇静能力必须是超凡的,因为他还必须具备极强的方向感并能准确迅速地标出德军战备工事的位置。同时,他对周边的一切动静都必须心知肚明,尤其是来自敌区的丝毫动静,稍有疏忽则性命难保。在军旅生涯里,赉安将自己规定在英雄的情境里,希望自己成为一个英雄人物,哪怕战死也不畏惧。有时候,他也抱怨天天不是行走,就是在氢气球上观测绘图,没有机会参加地面作战。

1914年11月,法军在比利时伊珀尔(Ypres)援助英军,与德国军队进行了大规模的战争。在战争最激烈的时刻,作为观测员的

历史照片：第一次世界大战时一名观测员正在工作

贲安被军队重点保护起来，他被留在后方。毕竟在西线只有两个观测员，倘若没有观察员，没有地形图，没有战事工程的标识，想要打赢一场战斗是不可想象的事情。休战的时候，贲安和战士们一起挖战壕。他们将战壕挖成曲线并挖得很深，最终形成了错综复杂的壕沟网络，用于抵御德军的炮击。

一战中的马恩河战役发生在1914年9月5日至12日。在这场战役中，英法联军合力打败了德军，使德军的施里芬计划破产，西线陷入了旷日持久的阵地战。八天的激烈战争中，贲安就在后方距离战壕仅仅十几公尺的地方参与紧急护理伤员的工作。他目睹坚强的战士冲破铁丝网与德军刺刀相见的场面，也见过第一次上战场的新兵浑身颤抖崩溃的场景。

1915年4月22日，德军在比利时伊珀尔发起了第二次战役，这是一次被载入史册的战斗。德军使用化学武器致使英军死亡五千

赉安的速写作品之一，1915 年创作于比利时伊珀尔（Ypres），由赉安之女娜芮特珍藏（照片来源：安德莱）

多人，因氯气中毒的士兵更有一万五千人之多。在激烈的战役中，赉安在战壕内左手臂被手榴弹炸伤。

1915 年 5 月 25 日，第二次伊珀尔战役结束，英法联军和德军暂时处于休战状态。在伊珀尔养伤期间，赉安曾经去附近的伊珀尔大教堂写生并留下了两幅上色的速写作品。我们今天能看见的赉安的绘画作品只有这两幅。画面中，一座教堂已被炮弹毁坏，残垣断壁和创伤布满画面，弥漫着静穆与哀伤的情绪，带着赉安对战争的反思和对和平的向往。这两幅珍贵的速写作品是由出生于中国青岛的赉安之女娜芮特于 1939 年从上海带回法国巴黎的。它们被娜芮特珍藏着，视为对父亲无限思念的寄托。娜芮特一直珍藏着这两幅画并经历了第二次世界大战的艰苦岁月。

1916 年 2 月 5 日，赉安在氢气球上观测时遭到德军的猛烈轰炸，他被 60 余枚弹片击中，被紧急送往巴黎的医院，作为战争中极

1916年贲安在一战中受伤期间的留影

其重要的观察员得到了最好的治疗。母亲和哥哥急匆匆赶往医院探望左臂严重受伤的贲安。过了几天,哥哥亨利义无反顾地顶替贲安奔赴残酷的西线战场。

回到魂牵梦绕的巴黎,住在医院病房里,贲安仍然关注着西线的战事。1916年2月21日开始的西线凡尔登战役让他时刻牵挂。他知道,德军一旦占领了凡尔登,也就打通了他们迈向巴黎的道路。他坚信法军总司令霞飞有着军事家的战略智慧和指挥能力,虽然法军的军事力量不如德军,但是,他依然相信法军能够抵挡住德军的进攻。到了秋天,法军已经开始了对德军的反攻。1916年12月,法军收复了凡尔登以东的大片土地,德军节节败退。凡尔登战役成为第一次世界大战的决定性战役和转折点,德军未能实现它夺取凡尔登包抄巴黎的计划。贲安从广播和报纸上了解到霞飞将军的许多信息,当得知这个伟大的军事家竟然是个建筑工程师的时候,他更是对霞飞将军肃然起敬。

在母亲的悉心照料下,贲安的伤势逐步好转。但是,战争的局势和战友们的生命安危常常让他坐立不安,他更担心没有服役经历的哥哥能否扛过这场血腥的战争。他常常一整天在医院的花园里画油画,脑海里却不断出现激烈的战争场面和战士们在血泊里倒下时的痛苦表情。残酷的战争画面在脑海里不停地翻滚,他已经无法专注于绘画。他明白战争给自己造成的创伤需要用时间来弥合。

在巴黎休养了半年后,贲安终于逐渐恢复了平静,于是,他回到巴黎美术学院继续求学,将自己完全沉浸在建筑艺术的魅力世界里。他知道残酷的战争终会结束。战争的结束意味着城市的重建,他必须准备好履行自己建筑师的义务。

1917年2月5日,经过半年在医院的治疗休养和半年的返校学习,贲安重返西线战场,随后,他参与了瓦兹河、埃纳河等地区的一系列著名战役。他仍然坚守在后方阵地,每当战役之前,他依然冒着生命危险乘上氢气球瞭望和制作作战地图。不一样的是,现在他不仅有地面的高射炮掩护,还有法国空军在周边巡航以保护他的生命安全。

1918年2月17日,法国陆军第三军团总司令授予贲安军团荣誉勋章。

1918年11月11日,给人类带来空前灾难和巨大经济损失的第一次世界大战因《贡比涅森林停战协定》的签订而宣告结束。第一次世界大战在数以百万计的死亡与瘟疫中黯然落幕,活着的年轻人在废墟和绝望中逐步站了起来,他们用咆哮代替内心的哭号,表达对生活的极度不满。他们创作了大量的绘画、音乐、诗歌和雕塑作品,用以平复战争带来的创伤并警醒后来人。贲安也一样,他拿起铅笔在笔记本上疯狂地作画,那段痛苦的修复战争创伤的时期,他的绘画作品线条异常紊乱,尤其是建筑背后的天空之上,乱云狂卷,像世界被癫狂席卷的时刻。他常常坐在空旷的大地上仰望前方,耳畔却传来隆隆的炮弹声,眼前浮现血流成河的可怕场面。

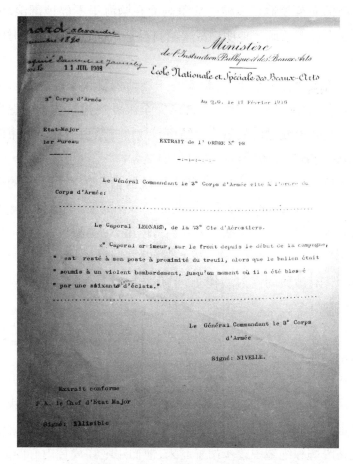

巴黎美术学院保留的一份有关赉安的档案资料

档案资料说明：

第98号总部命令摘录

第三兵团总司令授予第35飞艇连莱昂纳尔下士军团荣誉勋章。

"自从这场战役作战开始，观察员下士就一直待在前线，严守自己在绞盘附近的岗位，直至飞艇遭到猛烈的轰炸，他被60余枚弹片打伤为止。"

第三兵团总司令
签名 NIVELLE

1919年3月12日，服役期间的赉安获得法国职业建筑师资格（D. P. L. G.）。当收到来自巴黎美术学院的通知时，他难掩心中的激动，人生一幕幕的场景如电影一般呈现在眼前。他想到辛苦操劳的母亲和日夜为理想而战的龙格，想到夹在笔记本里的父亲的照片，想到那些已经战死疆场的战友，想到自己漫长的学习建筑的经历……他感叹战争的残酷无情。如果身处和平的环境，他早该成为有经验的建筑师了。在阿尔及尔的服役和第一次世界大战的战争经历，让他获得了生与死的巨大考验和对人生的感悟。他庆幸自己从枪林弹雨中走了出来，还活着，而且，哥哥也活着回到了巴黎。

只要活着，希望就不会破灭。他开始重新拾起过去的梦——建筑师的梦。他逼迫自己甩掉头脑里血肉模糊的战争场面，想让这个建筑师的梦一点点放大，一点点变幻为美丽至极的梦境。

1919年8月8日，没有接受军队挽留的赉安从军队退役；1920年11月8日，赉安获得比利时战争十字勋章；1922年11月14日，赉安被授予中尉的军事头衔。

回到巴黎，不见满目疮痍的景象，到处是人们恢复正常生活的愉快表情。他清楚地知道，活着的人都在充满希望地期待新生活的到来。回到日夜想念的家，他魂不守舍，不知如何生活，一切都变得极其陌生。巴黎的夜色和灼热的空气常常会让他不由自主地陷入战争的激烈场面，烈火与炮弹的声音不绝于耳。连续多日，他木讷地坐在窗前，看着巴黎的天空和被战争破坏的公寓屋顶，脑海里无时无刻不是回旋着烈火与炮声。

渐渐地，赉安在母亲的关怀下逐渐找回安顿的感觉，但是战争的回忆常常以无法控制的速度，以血腥的画面出现在脑海里。虽然每天发生的次数在减少，但是，只要安静下来作画，那些场面总是不请自来。他痛苦地闭上眼睛,深叹一口气,然后站起身去煮咖啡。有一天,他终于离开自己家的窗口,走下公寓的楼梯,他觉得自己的身体有微微的飘忽感。

走在大堂的路上,晶亮的小石块铺就的小街唤起了他童年的些许回忆。他在大堂的食品交易市场里游走,走进母亲的乳品店和母亲行贴面礼。最后,他落座在童年时做功课的椅子上,顿生一种熟悉和落地的感觉。他切切实实地感觉到自己身处的是巴黎,是自己诞生并成长的地方。

从大堂的交易市场走到塞纳河边不过十分钟的时间,贲安却觉得自己走了好久好久。他端详着那些古老的教堂的塔楼和卢浮宫的庞大身形,感到不可思议——它们都还在。当他身处塞纳河的右岸,他看见了塞纳河对岸的巴黎美术学院,他在岸边站了很久。他说不出塞纳河为何总有一种说不清的魅力,它缓缓流动,倒映着一字排开的倾斜的铁皮屋顶和蓝天,他想起了1910年塞纳河泛滥的日子和1900年的巴黎世博会。

沿着卢浮宫长长的立面前行,他的意识开始清醒起来。他想到了在巴黎的很多朋友,想到了勒·柯布西耶和巴黎美术学院附近的调色板咖啡馆。

在塞纳河右岸,他不知不觉地就来到了亚历山大三世桥,跨过大桥,他看见埃菲尔铁塔在蓝天下的雄姿。这时,他的大脑充满了由陌生到熟悉的快感。他清楚自己的疗伤过程非比寻常,自己必须寻找新的生活,必须在崭新的事物面前倾情投入才能将战争的创伤转化为动力。于是,他决定去那个遥远的东方古国——中国。

去中国上海,这是贲安想过无数次的事情。1912年,他与范诺、盘滕和斯皮尔曼在一起的日子,在那个并不遥远的阿尔及尔彻夜不眠地商量创建银行的日子,在他的心里从未被抹去。相反,在这七年的时间里,他时刻关注着遥远的上海并保持着与这些朋友的通信联系。

当赉安的母亲和哥哥得知他决定去遥远的东方做一名建筑设计师的时候,他们联合起来阻止赉安的行动。不仅因为那是个遥远而陌生的国度,而且,巴黎的一家建筑学院已经在邀请赉安去做校长了。在去中国还是留在巴黎做校长之间,几乎没人支持他去中国。他们苦口婆心,执拗地坚持,不断争执,甚至冷战。几天后,母亲终于放言:"你去了那个叫上海的地方,就别再回这个家。"

母亲和哥哥哪里会想到,一个经历了多年残酷战争的年轻人居然会放弃战后巴黎百废待兴的机会,一个全世界最令人瞩目的巴黎居然留不住一个有梦想的未来建筑师。他们问:"你知道中国是什么样子吗?你知道中国男人还梳着长辫子吗?"

一向十分有主见的赉安经过战争的磨练变得更加坚决和果断,他甚至不惜与母亲结怨也要去开创自己热切向往的建筑师生涯。面对执意不愿自己离家的母亲,赉安的内心是极其复杂的。他完全理解母亲和哥哥对于自己远赴中国的担忧,也理解战后刚回家又要离家对于母亲来说是多么残忍的事情。但是,正因为被战争耽误的时间实在太多了,他急切地要将损失弥补回来。临行前的一段时间,母亲已经不再理睬这个倔强的儿子了,而儿子已经在默默地准备着去中国上海了。

赉安对中国这个陌生之地充满期待,哪怕大家都说它贫穷、肮脏、野蛮,也要亲自去看一看那个发明了火药、拥有丝绸和瓷器的东方大国。更何况,那里有几个爱冒险的朋友。最重要的是,那里有可以实现一个建筑设计师梦想的机会。箭在弦上,弓已拉满,赉安已下定决心要去遥远的东方探险,要让上海成为自己的圆梦之地。

第二章　上海的黎明

法租界外滩

1843年11月8日，首任英国驻沪领事巴富尔抵达上海。1843年11月17日，上海正式开埠。随之而来的一批英国洋行发现上海是五个通商口岸中离丝绸和茶叶产地最近的港口。这些精明的洋行老板们完全看好这座小城市的发展前途。1845年11月29日，清政府苏松太兵备道宫慕久与英国驻沪领事巴富尔共同颁布《上海土地章程》，正式设立上海英租界。

1848年1月25日，法国外交家敏体尼（Louis Charles Nicolas Maximilien Montingny，1805—1868）搭乘的邮船停靠在黄浦江的码头上。这位开拓者肩负的重任就是要在上海建一座法国领事馆。在上海县城城墙的北面，敏体尼在一片经常被水淹没的沼泽地上（现四川南路）租借了一座低矮的房子。随后，这座他的栖息之地的屋顶上升起了一面法国国旗。

1849年4月6日，敏体尼与上海道台麟桂正式确定了法租界的范围，界址在上海县城的北门外，东至广东潮州会馆（今外滩龙潭路附近），南至上海护城河（今人民路），西至关帝庙诸家桥（今西藏南路附近），北至洋泾浜（今延安东路）。敏体尼将这块荒芜的沼泽地变成了法租界，奠定了法租界的根基。这块57公顷的"飞地"呈不规则的矩形，它的东面是黄浦江畔的100米通道，后来变为法租界外滩。

1852年3月16日，美国驻上海代理领事金能亨公告美国公民，宣布美国已经在上海虹口取得直接租地权。1854年7月，英美法在上海成立联合租界。1862年，法租界从联合租界中独立出来。1863年9月21日，英租界和美租界合并为公共租界。

从理论上来说，法租界和公共租界是有区别的。法租界具有治外法权，外国领事为最高行政长官；而公共租界则属居留地，外国领事必须同中国官员共同处理一切事务。

早期来到上海的法国人居住在简陋的房屋里，这些房屋建在松软的土地上，四周往往是纵横交错的河浜，居住环境恶劣。经过几十年的规划马路和开辟新的建筑，至1900年，法租界经过缓慢发展已经有9万多人，其中外国人600多个。

从1899年至1900年，法租界筑路扩张，区域由法租界外滩往西抵达吕班路(今重庆南路和重庆中路)。1914年，法租界第三次扩张，从吕班路往西直达徐家汇。往西发展的城市主干道由公馆马路(今金陵东路)延伸到霞飞路(今淮海中路)，直至贝当路(今衡山路)的尽头徐家汇。在这条狭长的区域内，法租界拥有自己的教堂、医院、小学、中学、大学、军队驻地、银行、妓院、监狱、墓地。

自敏体尼踏上上海土地的72年后，1920年1月，我们未来的建筑大师赉安来到了上海，那时，他是一个籍籍无名的29岁的军人。这个曾经被巴黎美术学院寄予厚望，又被一战烽火耽误了青春的年轻人决意在上海冒险。

1920年1月中旬，晨曦微露的上海，一艘邮船慢慢地在黄浦江与苏州河的转弯处摆正了船头，不一会儿，邮船就会缓缓靠近黄浦江上的法国码头了。挺拔英俊的法国青年赍安裹着一条深灰色的大围巾站在船头,他迎着寒风,凝视着前方开阔的江景。他那线条分明的脸上,一双深邃的眼睛露出欣喜的神色,黑褐色的浓密头发一丝丝倒向脑后,看上去就是个艺术家。他身边的地上放着一个棕色的牛皮大箱子。这只陪伴他走过战争岁月的大皮箱被磨损得几乎没有完好的地方,可是,它被擦拭得干干净净,岁月的痕迹反而让它显得那么古朴和结实。

此时,船已经停靠在法国码头了。安静的码头开始喧闹起来,初升的阳光照亮了码头,那些穿着西式大衣的西方人和身着黑灰色长衫的中国人站在岸上翘首以盼。他们个个伸长了脖子寻找船上的亲朋好友。几分钟后,邮船停稳了,汽笛拉出一道响亮的呼声,顿时,船上的、船下的人都热烈地挥起手来。

赍安依然站在船头侧着脸面向外滩的一整排建筑。他看见法国领事馆矗立在外滩一侧的转角,两层楼房有着典型的法式四坡屋顶,间隔出现在屋面的老虎窗、柱廊显示着法国文艺复兴时期的建筑风格。他曾经在法国的报纸上看见过法国驻沪领事馆的照片。他知道这是1896年由法国桥梁及河堤工程师邵禄(Joseph Julien Chollot)主持建造的大楼,而设计者则是法国驻沪领事吕班(Georges Dubail)。

然后,他略微侧身,看向外滩的另一头,那是公共租界一整排的西式古典建筑和它们背后隐隐的屋顶。他找到了那座英国人建的上海总会。他看见了它的不凡气势。它虽不是何等了不起的大建筑,却彰显着独霸一方的大不列颠的荣耀。他曾经在法国的刊物上知道了这座建筑的名气,也看见过一张趾高气扬的欧洲富人们聚在长长的吧台前抽雪茄的照片。顺着面前的一排华丽的西式建筑,他依稀看见朦胧中的圣三一教堂的红砖楼和它哥特式的尖顶。外滩一整排的建筑并不高大,大多是不超过三层的西式建筑。它们充满了西式建筑的特征和氛围,以新古典主义建筑风格为主流。而外滩法租界更是短短一条马路,除了红砖楼的太古洋行和法国驻沪领事馆外,几乎没有令人愉悦的建筑。

远方茫茫天地在晨光中已经逐渐苏醒,广阔的平原正呼吸着天地间的阳光与空气。他的内心充满感慨,这座未经雕琢的城市将是自己赖以生存的地方,从今往后,自己就是这座城市的人了。他问自己:一个雄心勃勃的年轻人,一个被战争耽误了四年时间的未来建筑师,会在这片陌生土地的哪一条马路上诞生自己人生的第一个建筑作品呢?

阳光渐渐温暖起来,船客们一个个急急地下船,岸上已是欢呼声一片,拥抱、接吻、喧闹,用扁担挑行李的挑夫和独轮车夫的吆喝声在码头上不绝于耳。衣衫褴褛的苦力扛着沉重的货物从底层船舱里出来,然后一步步在斜斜的跳板上走过,跳板发出的嘎吱声音和苦力哼哼的声音不时传来。

赉安提着大皮箱走下了船梯,踏上浮桥,走上一个小小的缓坡。他站在高耸的信号台前,看见了马路对面的万国储蓄会大楼(爱多亚路7号)。

赉安看着面前豪气满满的新古典主义的万国储蓄会大楼,那些精致的浮雕,入口处的爱奥尼克圆柱沉着稳重,且很有气势。它们暗示着权力与野心。赉安的心中不禁暗生敬佩。他站在爱多亚路上,看着这条处于两个租界分界线的马路。他知道,以前这里是一条黄浦江的支流,叫洋泾浜。1915年,洋泾浜被填浜筑路后取名爱多亚路(Avenue Edward VII),以纪念英皇爱德华七世。

他走到隔壁。那里正在施工的建筑工地是范诺在信里说到过的爱多亚路9号,也就是将来万国储蓄会所属中国建业地产公司

(Fonciere et Immobiliere the Chine,简称为 FIC)的所在地,这里后来被称为方西马大楼。赉安知道,克利洋行正是这座方西马大楼的设计公司。

他在爱多亚路上看着方西马大楼的工人们在阳光下忙碌,心里有着无限的憧憬。他相信即将见面的几个上海滩冒险家一定会给自己一个立足上海的协助。他相信,中国建业地产公司一旦正式开业,自己将会有大展宏图的机会。

赉安站在万国储蓄会大楼的营业厅里仰望巨型的枝形吊灯,范诺、盘滕和斯皮尔曼闻声而来,他们和赉安热情拥抱。时隔八年,老友相见,自是兴奋异常。走进老板们的会客厅,赉安习惯性地用设计师的眼光打量着大厅的空间结构和四周的装饰。天花板上的巨型水晶吊灯的用料讲究且精致,地板用小块马赛克拼接成漂亮的花卉图案,楠木的雕刻护墙板和繁复图案的壁炉都彰显着主人的品位和身价。壁炉里的火焰燃烧着,四个人围着沙发坐了下来,男管家给每人倒了一杯咖啡,顿时,会客厅里弥漫着咖啡和鲜花的混合气味,仿佛置身在巴黎的宫廷里。他们兴奋地开着玩笑。壁炉里的火苗将这四个人的脸映照得满面红光。

面前的三个人都十分健谈。范诺和蔼可亲,带着几分书卷气,已经有些大腹便便的样子,说话时有很多手势;盘滕霸气,说话铿锵有力,虽是毕业于蒙特利尔商学院的高材生,却江湖气十足,一双鹰一般的眼睛叫人难忘;斯皮尔曼则是可亲的兄长,一副圆形无框眼镜架在鼻梁上,说起话来语调缓慢,一双炯炯有神的眼睛一直热情地注目着你。

自 1912 年在阿尔及尔,范诺、盘滕与赉安分手后便来到上海成立了万国储蓄会。1914 年,斯皮尔曼在法国获得国籍后回到上海立即加盟了万国储蓄会。他们非常努力地经营自己的储蓄业务,积极地规划和布局,他们并不急于求成,而是稳步前进。当他们真正小有成功的时候已经是1917年了。上海这个港口给了这座城市良好的贸易便利,同时,鸦片和丝绸的贸易使不少英国人、美国人、法国人、葡萄牙人发了财,而那些在贸易中游刃有余的中国买办们也成为利润丰厚的富人。此时的万国储蓄会吸纳的储蓄资金众多,并且,他们已经拥有一些开发房地产的经验。应该说,赉安这个时候来到上海做建筑设计师适逢其时。万国储蓄会的几个董事早就默认赉安是他们即将成立的中国建业地产公司的首席建筑设计师了,他们清楚赉安成为一流设计师的抱负,也知道赉安最终会组建自己的建筑师事务所,法国文化的认同感和互相的欣赏使他们跨越了一切的繁琐。对于赉安来说,自己在巴黎毫无建树,有的只是被朋友认可的才情和一张张建筑的设计稿,剩下的就是惺惺相惜了。

四个人轮流说着在阿尔及尔分手后发生的事情。范诺说起万国储蓄会的成长过程如数家珍,激情处常常站起身慷慨激昂。盘滕相对安静,他在安静时,那双不停地闪着锐利光束的眼睛让人偶尔会有些不安的感觉,不过他会插话补充说明范诺的意思,语言老道且精练,还透着几分俏皮和朗朗的笑声。而斯皮尔曼总是表达丰富,又稳重有余,说话从不夸张,让人觉得心里踏实。赉安想,这三个人在性格上的互补一定益于他们的生意,他们三个应该是绝佳的生意组合。虽然,万国储蓄会的董事会成员里还有另外几个人,其中还有中国人的身影,但是,范诺、盘滕和斯皮尔曼一直是董事会的主力和权威人士。赉安的加入,使三个已经功成名就的冒险家多了一个开发房地产业的设计师,并形成了上海租界时期名噪一时的"四人团"。赉安是"四人团"中年龄最小且最善于倾听的人,在这三位已是大老板的朋友面前,他往往只在关键时刻抓住问题的实质谈自己的看法。他的语气总是平缓中透着坚定和肯定。四个人很合得来,就像当年在阿尔及尔时那样,几天几夜地聊天却没有厌倦的时候。

明亮的光线从落地窗照射进房间,地板上,落地窗的影子被拉得很长,深蓝色的丝绒窗帘两边分开垂在地板上。四个人坐在桌子前,手捧着咖啡开始策划中国建业地产的筹办事宜。他们谈地皮价格,谈公董局对街区的规划,谈人脉关系,谈上海的那几个超级大买办的巨额资产和中国人的生活方式。他们从法国大革命谈到孙中山,从巴黎城市重建谈到上海的"小刀会"历史事件。四个充满激情的男人口若悬河、火花四溢。赉安说话最少,他听得津津有味,他能感觉到面前的三位商人的能量超乎寻常。他们底气十足,似乎没有办不成的事情。赉安注视着他们的眼睛,看他们的举手投足,仔细观察他们在语言方面的习惯和对人对事的喜好及态度。他甚至发现,三个人的共同特点并不是对生意的赤胆忠心,而是他们能在一大堆事情中快速找到最关键的中心主题,然后抓住这个关键点重点讨论。

赉安很清楚,自己只是一个被战争拖延了艺术生命、一事无成的法国人,连一个设计师的称呼都有点受宠若惊,想跻身上海冒险家的行列谈何容易。虽然他完全能够理解面前的几个冒险家的处事方法,也能领会这些人的精明之处在哪里,但是要在这些人的核心圈里有所作为也不会容易,自己立身处世的唯一法宝还是在建筑设计的领域。

窗外,天空晴朗,外滩已是一片繁忙的景象,黄浦江上桅杆林立,法国邮船停在码头上给黄浦江增添了一份豪情。整个下午,他们的热情有增无减,从法租界公董局、警察局的人脉关系到哪一块地皮可以开发,从在霞飞路上建造一座最引人注目的公寓大楼的假设到建筑风格的讨论,他们滔滔不绝,忘记了时间。贲安很清楚自己的感受,商人的敏捷思维和捕捉信息的能力,他们激昂之时的大胆冒险计划和一丝不苟的探讨都给他留下了不可磨灭的印象,相比在阿尔及尔筹划万国储蓄会时的热烈与激情,现在,他们已是洞察秋毫的人物了。

深夜,贲安住在公馆马路临街的小楼里。他站在阳台上看着不远处的圣若瑟教堂(Saint Joseph)在黑夜中的剪影,他想到了遥远的巴黎,想到了母亲,她还在生自己的气吗?他想到了哥哥,在战后的巴黎,在重生的祖国,他会做些什么呢?他想到了勒·柯布西耶,他正在写的有关现代建筑的书现在怎样了?他想到了在巴黎美术学院学习的日子和自己即将开始的新人生。他凝视着夜色,想到了巴黎的大堂和圣厄斯塔什教堂,一幕幕的回忆像电流击过全身,他问自己,自己什么时候能够走上一条阳光大道?

立足之初

初来乍到的贲安被这片土地上强烈的商业气息所吸引,尤其是走进上海县城内,店铺、商贩、地摊比比皆是,熙熙攘攘的小街充满了稀奇古怪的东西,那些编竹器的、卖茶的、卖咸鱼的、卖花布的、算命的,有的在木构架的店铺里吆喝,有的则是摆个地摊招徕路人。那些在小街上乞讨的人、那些穿着灰色棉袄的女人和穿着黑色长衫的男人,不断出现在他的面前。他无时无刻不感觉到一股新鲜的生活气息。他想起了巴黎的大堂,一样摩肩接踵的人群,一样人声鼎沸的市场,一样为生活忙碌的市民。他在城内游荡了好几天,除了中国人的生活场景,还有古城的中国式建筑引起了他的注目,那些仍然保留着的一段城墙和箭楼更是令他流连忘返。他在古城中游荡,眼里尽是中国建筑的飞翘重檐和绝美的木构雕刻。他被深深地吸引了,在笔记本上记下了他所看见的中国建筑的细节和辉煌。

法租界公馆马路的商业化街道已经形成,但是这条法租界公董局规划的商业街基本看不见中国式的建筑。两条街的背后,大片的空地上杂草丛生,浜泊纵横,而南京路的先施百货和永安百货已经独霸一方,1920年的上海法租界远不及公共租界的商业繁荣。赉安几乎每天都出门看街景、看中国人的生活,时常也会在小饭店里吃中国的饭菜。他在法租界的西区走了很长一段路,当他抵达徐家汇的天主教堂时,他才真正感觉到这片西区的土地将会是一片热土。在赉安的意识里,西区满目的大浜和小浜将来都会成为法租界房产开发的首选之地,填浜筑路是法租界扩张之后的必由之路,而现代主义建筑将会逐步替代那些被中国人认为"现代"的小别墅和新古典主义建筑。

他住在法租界的公馆马路上,每天在两个租界的区域里来来回回。他喜欢头戴红色包头的印度锡克警察在马路上站岗的样子,也喜欢穿行在红砖墙的维多利亚建筑里。六月末的春夏之交,潮湿的空气和永不停歇的雨水让他很不适应。一切都在湿漉漉中,道路已经泥泞了很久,好天气还是迟迟不来。打开窗,当雨水的味道飘进他的鼻子里时,他常常会想起战场上壕沟里的泥土与血腥的气味。他想起母亲的那盆立在阳台上的红色玫瑰,差不多应该有半个人高了吧?他思念巴黎,思念故土,可是他执拗地认为只有等自己的抱负实现的那一天,他以一个成功者的身份才可以回到巴黎去见母亲。

他常常去外滩和南京路这些初具建筑规模的地方走,一个个辨认建筑的风格以及所属的建筑师事务所。尽管外滩正在进行新一轮的更新，但是他依旧能看见那些较早矗立的建筑，如玛礼逊洋行（Morrison & Gratton）的合伙人格拉顿（Gratton）设计的中国通商银行，这座清水红砖墙的哥特文艺复兴建筑令他印象深刻。他也会去热闹的南京路观赏先施公司高耸的塔楼，这座由德和洋行（Lester Johnson & Morriss）设计的作品让他看见了新古典主义和文艺复兴风格结合的模样。

上海这个既独特又折中的城市，在中国开各种风气之先，赉安能看见汽车和电车在西式的马路上穿梭，夜晚的主要街道都有街灯，一些富人的家里还有汽车和电话机。虽然还时不时能看见中式的建筑，但是，西方建筑文化或仿西方建筑文化在租界及周边大行其道，大有占领中国建筑的趋势。那些长着西式面孔的建筑在赉安看来，很大一部分是西方建筑师的实验性作品，有的直接移植于欧洲建筑，有的则是因缺乏西方建筑的历史文化背景而产生的变异。赉安想，一旦自己在上海获得第一个建筑设计项目的话，自己一定会倾尽所有力量设计一座一鸣惊人的建筑。

冬天来临了，爱多亚路9号的方西马大楼已经竣工了，可是建业地产公司还在商议和谈判第一批开发的土地事宜。当又一个中国人的春节即将来临时，有人推荐赉安去当老师。

1921年3月10日，中法国立通惠工商学校（今复兴中路1195号）宣布成立，赉安在该学校当老师，教的是工程结构和力学原理。这所前身由德国人开设的同济德文医工学堂曾经在第一次世界大战后被法租界收回，现在则是中法联合办的工学院。但是，看起来这所学校在仓促中成立，存在很多不合理之处。赉安并没抱有任何希望，他想的是，自己有一天将会进入一家不错的建筑师事务所担任设计师。

虽然还没有机会进入建筑设计的行列,但是,几个忠诚的老朋友常常鼓励赉安耐心等候时机。"四人团"常常去法租界内的各种场所聚会,有时也会参加法租界政府部门重要人物的会议或是这些重要人物的家庭聚会,偶尔也会参加法国驻沪总领事举办的宴会。赉安总是被另外三个在上海已经十分成功的人物热情地推荐给一些朋友。上海的法国人本来就不多,赉安很快就认识了那些重要的人物。不出几个月,赉安的艺术气质和不俗的谈吐,以及英俊挺拔的模样很快就为那些"大人物"所熟悉。他在人脉方面的积累随着时间而日渐丰厚起来。在上海,除了那三个最好的朋友外,他希望拥有自己独立的关系网,尤其是上海的艺术圈。

1920年下半年至1921年末,万国储蓄会旗下的中国建业地产在上海法租界买下了三块地皮,并开始逐步进入建筑规划和设计阶段。根据法租界当局的规定,这三块地皮上都必须建造高档的西式建筑,它们是——霞飞路(今淮海中路)至格罗希路(今延庆路)之间的麦阳路(今华亭路)两侧;高恩路(今高安路)至国富门路(今安亭路)之间的福履理路(今建国西路)两侧;巨福路(今乌鲁木齐南路)至祁齐路(今岳阳路)之间的西爱咸斯(今永嘉路)南侧。

1921年秋天,因获得了中国建业地产首次投资的三块地皮设计和施工的权利,法国人勒德勒和瑞士人梅玉田开设的工程师行(Ledrex & Minutti)聘请了几个年轻人充实设计与施工队伍,其中就有来自法国、已经在中国天津的一家建筑公司工作过十个月的保罗·维塞尔(Paul Veysseyre)。维塞尔进入勒德勒梅玉田工程师行的介绍人则是范诺。

几乎在同一时期,赉安收到了勒·柯布西耶寄自法国的一封推荐信。勒·柯布西耶推荐赉安去勒德勒梅玉田工程师行担任建

保罗·维塞尔(Paul Veysseyre,1896—1967)

筑设计师。接到推荐信后,赉安征得范诺和斯皮尔曼的同意,立刻决定加入勒德勒梅玉田工程师行。他觉得自己必须尽快在建筑工程师行获得更多的经验,这是一个很好的一步步靠近自己目标的机会,更何况,梅玉田接到的合同来自于自己的另外三个铁哥们掌控的中国建业地产公司。赉安决定从中法国立通惠工商学校辞职。随后,赉安和保罗·维塞尔成为梅玉田手下的助理建筑设计师,他们很快成为无话不谈的同事。

保罗·维塞尔于1896年10月5日出生于法国北卢瓦尔(Noiretable)。8岁时,维塞尔父母分手,父亲移民至马达加斯加岛,母亲带着维塞尔和他的姐姐搬到了法国南部居住。1909年,维塞尔的父母经常通信,他们的关系似乎好了很多。当一家人准备前往马达加斯加岛的时候却传来了父亲突然去世的消息,而那个令维塞尔伤心的日子竟然还是父亲的生日。父亲的突然逝世给13岁的维塞尔留下了深深的伤痛。从小喜欢绘画的维塞尔后来进入

梅玉田（Minutti）

了巴黎美术学院，曾经得到著名建筑师的指导。1915年，19岁的维塞尔走进一战的烽火硝烟，两次受伤两次又返回战场。1919年12月，维塞尔退役，随后，他来到了中国天津。1921年秋季，在范诺的介绍下，维塞尔进入了勒德勒梅玉田工程师行。那时候，他还未获得法国执业建筑师（DPLG）的资格。

勒德勒（Ledrex）是一个来自法国的建筑工程师，出生于1884年，比赉安大6岁。他于1902年来到中国，1912年返回法国后成为海军工程师，后升职为海军军官，一战时曾经被派往中国。1919年，他重返上海准备创业，正值瑞士人梅玉田也在酝酿开设工程师行，两人一拍即合。随后，他们和万国储蓄会的几个核心人物建立了亦商亦友的关系。

梅玉田（Minutti）1887年3月8日出生于瑞士日内瓦，1909年毕业于瑞士苏黎世工艺学院，1909年至1913年曾经在瑞士伯尔尼出任钢筋混凝土工程师，并在巴西里约热内卢担任过土木工程师。这是一位称职的建筑工程师，能画得一手漂亮的建筑施工图，且对钢结构和混凝土施工很有一套自己的经验。

1922年,勒德勒梅玉田工程师行接到了开业不久的中国建业地产公司的第一个房产开发项目的住宅设计,这就是麦阳路(今华亭路)两侧的高级住宅项目。它们包含了霞飞路和麦阳路路口的七幢大别墅(今淮海中路1276—1298号,其中1294—1298号已消失)和一个九个单元联体的别墅(今华亭路93弄),以及麦阳路和格罗希路(今延庆路)上的高档别墅群(今延庆路135—149号及华亭路71弄)。以上项目的建筑设计也有可能不是贲安。贲安独立操刀设计的是一座四联体别墅(今延庆路151—157号)。

贲安将四联体别墅设计为四个四层的单体连接而成的建筑,它们共用一个位于南面的大花园,北面则是位于格罗希路的四个入口。四栋四层的小楼小巧玲珑地联为一体,灰褐色的鹅卵石墙面与顶部的水泥墙面自然衔接,转角的椭圆窗和屋顶折檐下的圆窗将这座复古建筑带上了新潮的装饰派艺术(Art Deco)的元素。四个位于北立面的入口垂直向上并凸出于建筑的立面,它们高挑细长的身姿彰显北欧建筑的特征。贲安将这四个位于北面的入口别出心裁地设计成一至四层的楼梯间,在沿街的北立面形成丰富的北欧风。四个完全相同的入口,混凝土制作的雨篷有微微的弧度和逐渐内收的曲线,与雨篷下红砖平拱门的层层内收相呼应,它们共同营造出一种清新淡雅的气氛。入口的台阶很低,贲安仍然为它们设计了方形的可安置宝瓶的台基,而在平拱木门的上部,亮窗上的铸铁装饰已经完全是装饰派艺术的图案了。这是上海最早运用装饰派艺术元素的建筑之一,同时,也能证明贲安的第一个设计作品已经开始尝试现代建筑的语言了。

贲安全身心地投入了四联体别墅的建造项目,从平面安排到细部设计,从空间格局的实用性安排到建筑与周边环境的互衬,从

四联体别墅的北立面在格罗希路(今延庆路)上,四个入口别具一格

材料的选择到内部装饰的审美情趣,甚至外立面的每一颗鹅卵石他都精挑细选,颜色、大小和形状,贲安都亲力亲为。四联体别墅的设计与实施,与其说贲安只是在造房子,倒不如说他是在艰难中跋涉。他拿在手上的设计图稿要经历无数次的修改,甚至在施工现场都要决断各种施工难题的挑战。尤其是现浇混凝土的施工方式,当时是一项新的建造方法,各种试验性的方法总不能尽人如意,但是,贲安从不言放弃的精神帮助他获得了成功。他倾情投入的这座漂亮的别墅成为上海法租界的建筑亮点,也成为他事业的开端。

四联体别墅在1923年的竣工,不仅给贲安带来众多的赞赏,

四联体别墅的北入口略呈新艺术运动风格

也让中国建业地产公司第一个开发的项目获得了最好的褒奖。至今,它仍然是格罗希路(今延庆路)上的一道风景,是上海风貌区内被妥善保护的建筑之一。1924年,当这一片土地上拔地而起一排排地中海式、英式、法式的别墅后,中国建业地产公司的另外几个大项目也在紧锣密鼓地进行中。其时,上海法租界的房地产开发热刚刚开始,一座上海的法国城还在默默地酝酿着宏大的计划。赉安理所当然地做好了要大干一场的准备。

创立赉安洋行

1922年3月10日,大名鼎鼎的法国霞飞将军来到上海宣传和推广"法国才能"项目,其中就有一项计划是将迈尔西爱路(今茂名南路58号)的原德国乡村俱乐部改建为一座法国球场总会(Cercle Sportif Francais)并开展设计竞图比赛。霞飞在上海的日子里,赉安曾经多次陪同他巡视法租界的重要工程项目,有一张霞飞视察上海某工程的照片,其背后有赉安的钢笔字:我就站在霞飞的后面。

当赉安和维塞尔得知自己所在的勒德勒梅玉田工程师行已经决定参加法国球场总会的设计竞图比赛时,他们决定抓住这一千载难逢的机会。他们天天聚在一起如饥似渴地反复构思一座能够代表法国形象的新建筑,偶有灵感就不停地画在笔记本上。他们常常去已经空无一人的德国侨民乡村总会,这里即将建立一座新的法国球场总会。两个人勘查地形、量尺寸、研究设计思路并为方案争论不休,为了竞图比赛的成功,两个人几乎到了废寝忘食的地步。他们寄希望于通过竞图来展示自己的建筑设计才能并在比赛中获胜。他们知道,一旦比赛获胜,他们很有可能获得这个工程项目施工的权利。

他们还多次去环龙路(今南昌路47号)上的法国总会寻找构思和灵感。这座建于1917年的法国总会有着典型的法国建筑的魅力,虽有许多可以借鉴之处,但是,作为俱乐部形式的法国总会已经无法满足上海日益增加的法国侨民在此运动和娱乐的需求。赉安和维塞尔初步决定给拟建的法国球场总会一个"宫殿"式的呈现。

两个巴黎美术学院毕业的年轻人常常会想起1900年巴黎世博会留存下来的大皇宫和小皇宫。他们在大皇宫和小皇宫的照片面前左思右想,从当年流行的新巴洛克风格的大皇宫和钢结构大玻璃的建筑中,他们找到了如何将新古典主义和巴洛克风格融入

1926年竣工的法国球场总会南立面全景（照片来源：历史照片）

现代主义新风尚的设计方法，并决定将法国球场总会的外立面以层叠状的多层次方法来体现学院派的整体协调特征，并以最为新颖的新艺术运动的风格打造建筑内部的楼梯和墙上的浮雕，而尚未真正流行起来的装饰艺术派风格也将在建筑的内部空间施展魅力。

赉安和维塞尔设计的法国球场总会平面是"凹"型的，外观是新古典主义的风格，立面局部有巴洛克风格的元素，室内采用正在逐步流行的装饰艺术风格和局部使用新艺术运动的风格，将学院派的复古与工业革命的元素用在同一座建筑上。他们将使用砖木和钢筋混凝土的结构建造这座大型建筑，另外，他们还决定给法国球场总会一个奥林匹克标准的泳池和一个豪华的舞厅。

两个人共同设计草图，每张草图都有详尽的注释来说明结构和细部。他们将空间感、颜色牢牢地通过效果图呈现出来。赉安一向认为，效果图就必须让人眼睛一亮，这是成为建筑大师的基本功。这座充满法兰西风情的新古典主义风格的建筑被画在一张不大的纸上。这是一座蓝天绿地环绕的灰白色大型建筑，以弧形为中轴延伸出两侧的南立面，与连贯的二楼柱廊和长窗形成一气呵成的韵律,稳重而不失典雅,大气庄严又不乏艺术的灵性和韵味。另一幅透视图更是将室内的空间构图分割得体,宴会厅与舞厅,桌球房与游泳池令人耳目一新。两幅图不仅可见绘画的功底和光影运用的成功,而且从整体的设计方案到几何构图都有很大的创新,他们几乎将传统的古典宫殿的装饰形式作了一个全新的推翻。它的光芒已经显现出来,任何人看了都不会无动于衷。

1922年秋季,大奖如愿眷顾了这两个年轻人。当他们在报纸上看见整版的法国球场总会的效果图时,他们高兴地跳了起来。然后,他们又开始忐忑起来,生怕一个大项目的工程自己无法胜任,更害怕施工过程中出现意想不到的难题。当时,四联体别墅正在施工阶段,他们已经遇到了很多问题,虽然逐步克服了这些困难,但是,在更大的工程来临前,他们还是不能做到胸有成竹。等到他们的心情平稳后,便开始仔细琢磨图稿,寻找设计上的疑点和细致分析施工中将会出现的难点。这是令他们煎熬的时期,他们越是深入追踪设计稿的合理性和美的方式,越是觉得设计稿还是存在众多问题。获奖固然高兴,但是随后的各种担忧也纷至沓来。

赉安常常会想到柯布西耶。尽管柯布西耶还没有一件惊世之作出现,但是,他知道柯布西耶是个天赋异禀之人,巴黎所处的建筑设计环境和上海大相径庭,巴黎是先锋设计师创作的源泉,人们对建筑的理解和评论都是具有社会性的,而上海还远远不及。在巴黎,柯布西耶会更有出人头地的机会。而自己已经决意在上海扎根了,他急切地盼望着在法租界有自己宏大的建筑作品。如今,机会终于来临,他决定破釜沉舟,拿出一个战士的勇气去接受挑战。

赉安与维塞尔的获奖作品经过与公董局的多次讨论后做了大

法国球场总会二楼的私人会客室里,新艺术运动风格的壁炉和铸铁构件(摄影:焦磊)

赉安和维塞尔设计的木制雕刻图案被用在护墙板上(摄影:焦磊)

量的修改。不久,公董局通知赉安和维塞尔设计施工图和计算材料成本。当赉安和维塞尔将成本预算交给公董局后,梅玉田跑到公董局提出抗议,说这个获奖的作品是自己的两个雇员为勒德勒梅玉田工程师行创作的作品,其意为这个作品应该属于自己的工程师行,而不是他们两个人。梅玉田更是提出这个即将施工的项

屋顶平台被设计成露天音乐场，两座望亭独具法国风格（照片来源：历史照片）

目属于勒德勒梅玉田工程师行。

当听到这个消息的时候，赉安和维塞尔并不十分生气，这是两人早有预料的事情，两人二话不说就跑到公董局说明情况。但是，公董局告诉他们，勒德勒和梅玉田已经上诉法院了。当时法国在印度支那的最高法院在西贡，这场诉讼将会等候很长的时间。

两个经历过一战枪林弹雨并获得战争勋章的年轻人，根本就不知道什么叫害怕，他们早就下定了得到这个工程项目的决心。赉安和维塞尔坚守一个道理：我们两个虽然代表勒德勒梅玉田工程师行参赛，但作品是我们自己创作的，作品上的签名并没有写上勒德勒梅玉田工程师行。对于这两个年轻人来说，这是他们的机会。他们需要这样的机会来开启自己的创业生涯。

1922年末，他们一边将反驳梅玉田的文字材料邮寄到西贡的法院,一边在上海公董局注册好了以两个人的名字命名的工程师行:赖安工程师行(Alexandre Leonard & Paul Veysseyre)。当时的上海,人们习惯于将外国人开设的公司称为洋行,因此,赖安工程师行也被称为赖安洋行(我们必须做一个解释:当年赉安洋行的名片上写的是"赖安工程师行",因为现在大部分书籍和历史建筑铭牌上都认可的写法是"赉安洋行",故本书使用"赉安洋行")。赉安洋行的注册地址为维塞尔居住的私人地址:180 Rue Porte(今自忠路)。这个住宅兼洋行见证了赉安洋行从1922年年末开始的最初的艰难历程,遗憾的是,这座在上海法租界的建筑(旧址大约位于现在的新天地太平湖附近)早已消失了。赉安洋行在1929年12月末搬迁至霞飞路540号(今飞龙大厦)办公之前,赉安洋行在霞飞路的东段可能也有过办公的历史。

大约1923年初,法院判决让两个勇敢的年轻人获得了胜利。赉安洋行获得了法国球场总会这个大项目进场施工的权利。赉安和维塞尔的获胜,得到了两位在法租界公董局担任董事的范诺和斯皮尔曼的支持,更有来自法租界公董局工程部邵禄对赉安的欣赏和期待。1923年8月,上诉后又失败的梅玉田解雇了这两个年轻人。自此,赉安和维塞尔在勒德勒梅玉田工程师行一年多的建筑实践宣告结束,四联体别墅则成为赉安在勒德勒梅玉田工程师行的唯一作品。从此,他们将接受巨大的挑战,这些挑战不仅来自赉安洋行在设计和建造建筑作品时和不断增加的建筑设计的竞争,还有来自赉安洋行内部经营管理的挑战。两个年轻人究竟能否高瞻远瞩规划赉安洋行的经营管理,并在复杂的竞争环境中立于不败之地? 这都是未知的。

一鸣惊人的别墅

赉安洋行创立后承接的第一个建筑设计项目是法国球场总会,其真正进入施工的时间为1924年的春天,等到这个庞大的项目竣工时已经是1925年的年末了。自1922年年末成立赉安洋行始,赉安洋行接到一个来自中国建业地产公司的订单———一座三层的英籍犹太人富商科德西(Codsi)的住宅,这是赉安独立设计的第二幢建筑,位于格罗希路和麦阳路的东北角(今延庆路130号)。1924年,当科德西别墅竣工的时候,其对面的四联体别墅已经住进第一批住客。这条格罗希路是赉安的福地,是他梦想成真的最初的两个设计作品的诞生之地。

科德西别墅的主体立面呈法国文艺复兴建筑风格,并具有较为明显的巴洛克风格特征,主立面的底层、中部的曲面由柱廊撑起上面的大露台,而第三层的退位则设计成凸出的阳台,屋顶则是法国人引以为豪的芒萨尔式坡屋顶。其屋顶两端的弧形拱山花老虎窗被设计为落地窗,真是令人叫绝!

1923年夏季,四联体别墅处在最后的收尾阶段,而科德西别墅正紧锣密鼓地打地基,此时,赉安洋行获得了极好的运气。他和维塞尔又连续接到了三个订单,一个订单来自祥利洋行(Azadian Jacques)的总经理、叙利亚商人让·阿扎迪安(Jean Azadian)投资的6幢独立花园别墅(今康平路192、194、196、198号,天平路99—101、129号)。这是被称为麦尼尼别墅的一片高档花园住宅,赉安在设计时首次尝试了一种风格独特的屋顶,这种屋顶受到德国青年派风格的影响,屋面做折线形处理,檐下都有半露木结构,它们

科德西别墅南立面二楼的退位所形成的大露台雅致清新

都带有德国地域性,且有两种造型,一种是在宽檐双折坡屋面下设计一个凸出的多边形阳台,另一种则是浅檐双折坡屋面下不带阳台的窗户。这两种屋面在赉安后来的设计中被不断调整,最终形成赉安早期别墅作品的经典之作,也成为上海历史风貌区内被人们不断赞叹的历史建筑作品,它们被称为"赉安屋顶"。

另一个订单是环龙路上的双联体别墅(今南昌路258号),当时被称为新诺曼底别墅(Neo Normand),如今在南昌路上的别墅群里仍然能看到设计师的精湛技艺和创新的设计元素,尤其是半圆挑出阳台的设计带有强烈的美感。

在双联体别墅设计的同时,赉安还在郊外的拉都路(今襄阳南路)设计了一座新古典主义风格的三层别墅(现在的第四层为后来加建)。这座如今位于襄阳南路525号的拉都别墅是为法国人

科德西别墅的木制楼梯造型

努佛（Nouveau）设计的，它既有法国文艺复兴的韵味，又带有现代风格的平屋顶，其入口在西面，入口的立柱柱头被设计成方形，并带有简洁的图案。这座不对称的建筑，其西南角的圆形塔楼原本为敞开的，后来加窗成了房间。至今，我们依然能看见南立面外部的阶梯和刻有赛狗头像的券心石。

赉安最初设计的几个别墅的造型来源于欧洲民居，他在局部创新和空间的合理安排上下了很多的工夫。初出茅庐的赉安因为拉都别墅、科德西别墅、麦尼尼别墅、双联体别墅和四联体别墅的竣工而获得极大的好评，一颗新星冉冉升起，他背后的冒险家们也在庆幸当年启用毫不起眼的赉安是多么有眼光的大胆行为。赉安独特雅致的建筑风格，尤其不重复不抄袭的连续创新给在上海的法国人带来很大的自豪感。这几座别墅建筑的实践经验对于赉安很重要，尤其是钢筋混凝土结构的施工过程所获得的经验为其之后的设计和创新树立了极大的信心。

1922年至1924年也是"四人团"成员中其他几位所在的万国储蓄会蒸蒸日上的时期。在斯皮尔曼的主持下，他们吸纳民间资

麦尼尼别墅带阳台的"赉安屋顶"(康平路192、194、196、198号,天平路99—101、129号)

双联体别墅(南昌路258号)

双联体别墅底层的凸窗和
第三层的挑出阳台

金,以每月一次博彩的新方式,牢牢地将喜欢赌博的中国人引进了万国储蓄会。这种储蓄与博彩结合的新方式让万国储蓄会走上了致富之路,在以后的几年,他们在天津、青岛、哈尔滨等地办起了万国储蓄会分公司,将业务范围逐步扩大到其他城市。几年后,万国储蓄会便成为著名的万国储蓄会集团了。

1923年,万国储蓄会名下的建业地产公司倾力打造的高恩路高档别墅群进入了施工阶段。这一次,赉安洋行再次不负众望,他们将沿街的14幢别墅的空间构造和外部结构做了精细的设计,最为直观的是,主立面的"赉安屋顶"更为雅致,几乎无可挑剔。它们在高恩路(今高安路)与福履理路(今建国西路)交叉口并沿着福履理路延伸至国富门路(今安亭路)。它们现在的地址为高安路72、77、89、91、93、95、97号,建国西路629、631、620、622号,安亭路130、132号。

拉都别墅(襄阳南路525号)的西立面

拉都别墅的南入口有着古典的意趣,图中拱券门的券心石上是一只狗的雕刻,意味着这里曾经的主人是逸园跑狗场的投资人

安亭路130号花园住宅

安亭路132号底层的客厅弧形窗

安亭路132号别墅的东侧木制楼梯小巧而精致

建国西路620号和622号是相同式样的两座别墅。照片为建国西路620号，浅檐带小阳台的"赉安屋顶"已经不见立面曾经丰富的装饰

　　1924年至1925年，赉安洋行的"赉安屋顶"逐步完美地呈现在高恩路上。从最初麦尼尼别墅的"赉安屋顶"的雏形，到高恩路周边14幢"赉安屋顶"的不断完善，随后又有西爱咸斯路（今永嘉路）上的4幢"赉安屋顶"竣工，它们呈现出一个追求完美的设计师的坚持和努力。顶层的曲线形阳台和半圆形的窗户略具有德国青年派建筑风格，显得和谐与自然。这些德国式的别墅带着赉安个人的主题意识和强有力的视觉感悟，让人赞叹不已的同时还会问设计师是谁。

　　赉安在欧洲民居建筑的精华里提取建筑有价值和有意义的元素，并赋予其价值和意义现代的观点和现代的居住理念，这种超然的审美情趣至今仍然被人们称颂。"赉安屋顶"的别墅并没有繁冗

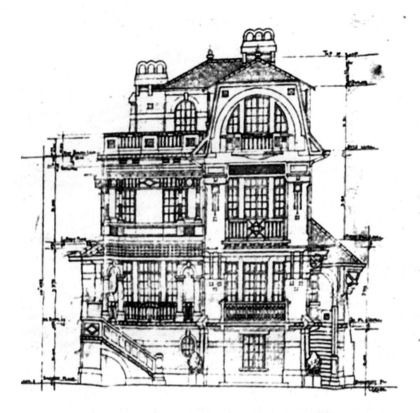

建国西路622号住宅的南立面图纸（上海市城市建设档案馆馆藏图纸）

和重复的立面和结构，更没有简单的复制，而是在欧洲民居建筑的基础上加上现代性的建筑语言，其屋面的精美造型是为人们的眼睛所准备的盛筵，阳台上的立柱和阁楼屋檐下半露木结构的巧妙构思，也为一条马路的表面提供了富于生命力的建筑样式。尽管那时候新艺术运动在流行中，装饰派艺术也已经在孕育之中，但是，设计师贲安更愿意将别墅的屋面打造成自己独特的建筑语言符号。在追求西式别墅并觉得西式别墅是最"摩登"的上海，这些别墅达到了与上海建筑追求合拍的节奏。彼时，"贲安屋顶"成为

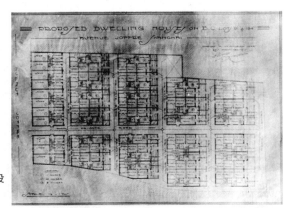

葆仁里（Dwelling House）设计稿（照片来源：安德莱）

1924年，赉安洋行设计了法式里弄住宅葆仁里，现为淮海中路697弄

西爱咸斯路上的城堡式别墅（1924年），现已消失（照片摄自1937年7月14日法文版《上海日报》）

非常"摩登"的建筑样式,并使其所在的街角具有了欣赏的趣味性。

在上海64条永不拓宽的马路中,高恩路与福履理路的交叉口无疑是最有特色的两条马路的交汇点。其特色之一是四个转角的建筑设计出自同一个人;其特色之二为这些建筑的样式代表着20世纪20年代初期和末期上海建筑的流行演变过程。(本书在后面还会有关于高恩路的建筑介绍。)

在这些一鸣惊人的别墅之外,赉安还设计了1924年竣工的霞飞路和马斯南路(今思南路)西南侧的葆仁里(Dwelling House)。葆仁里是联排的带小院的假四层法式里弄,有10幢42个单元,是早期上海质量较好的里弄建筑;可惜,现存的6幢建筑已面目全非。

1924年,赉安洋行在尝试各种建筑风格的同时,还念念不忘将欧洲城堡的建筑构想用于别墅的设计,当年在西爱咸斯路(今永嘉路)上矗立的城堡式别墅特别引人注目,当它在1990年代被拆除的时候,很多人觉得惋惜。有些关注城市建筑的摄影师给这座庄严的建筑留下了不少照片。

赉安洋行早期的别墅建筑在当年独领风骚,近百年来它们被人不断赞叹且不遗余力地保护,这是当年的创新理念和多元的开放精神,建筑的高标准、高质量,以及上海近代建筑和城市经济发展的大背景所形成的一个时代的缩影。

荣光闪耀的时刻

1923年12月9日,法国球场总会的奠基仪式在迈尔西爱路(今茂名南路58号)举行。出席奠基仪式的都是这座城市里非富即贵的人物,其中,法国驻上海总领事和已经成为法国球场总会董事长的范诺发表了一番鼓舞人心的讲话。

当城市里的法国人、英国人、美国人已经开始筹划圣诞聚会的时候,赉安和维塞尔却在工地上绞尽脑汁。他们需要研究和解决地基的淤泥和沉降问题。尽管赉安决定采用牢固且不易受潮变形的冷杉圆木打地基并在原有设想上增加一倍的冷杉数量,尽管这些冷杉都是进口的,但是,要在沉降和淤泥之地放入4000根冷杉并非易事。

虽然已经将整个工程的娱乐项目空间布局规划得滴水不漏,赉安还是常常请来体育与娱乐领域的专家亲临现场指导。赉安和维塞尔从不放过这样的学习机会。他们向专家们咨询空间的合理布局,大的如游泳池的尺寸,是否达到奥运会比赛的标准;小的如台球桌的位置,走廊和楼梯的视觉效果。他们事无巨细,每一个细节都精心思考绝不马虎。

已经拥有多栋建筑设计和施工经验的赉安将精力放在了施工现场,立面的水泥比例和细腻度的要求、每一份建筑材料的选择、玻璃门窗的图案,这些都由他亲自定夺和监督。维塞尔则是每天东奔西走于工地、公董局和材料供应商之间,还常常在赉安不能出现在工地的时间里行使赉安布置的监管之职。他的活力和交际能力在赉安看来是一种天赋,这正是自己不懂斡旋的补足。

1924年的春夏之交,上海迎来了连绵不绝的梅雨季,此时的法国球场总会已经在梅雨季来临前打好了地基。趁着雨季工地停工的一个月时间,赉安和维塞尔在事务所里接待纷至沓来的业主。到了晚上,两个人还要讨论建业地产公司给赉安洋行的新订单,那些订单足以让他们好几年不眠不休的了。

经过两年多的建筑施工,法国球场总会终于竣工了。1926年

在法国球场总会的建筑工地上,赉安、维塞尔与中国姚新记营造厂的建筑工人在休息时的自娱自乐(摄自《SHANGHAI'S ART DECO MASTER》)

1月30日,在庆祝典礼上,法国球场总会主席麦地(H. Madier,后成为万国储蓄会的董事)称赞赉安和维塞尔这两位建筑界新星时说:"他们给予建筑无可比拟的优雅性以及现代艺术性,不论是在建筑的线条上还是在装饰上,这促使我们可以完全满意地、骄傲地宣称——我们的总会是法国艺术精粹的证明。"

人们惊叹于这座建筑的雄伟气势和华美,并认为"它凝聚了法国艺术和法国品味的精华"。很快,这里便成为上海最引人注目的地标。达官贵人、名媛淑女纷纷前来一探这座"宫殿"。法国球场总会竣工后,原来在环龙路上的法国总会(今南昌路47号)转变为法租界公董局的法国学堂。

昔日的法国球场总会如今已是花园饭店的裙房（摄影：焦磊）

法国球场总会以董事会为组织形式，从1926年开业至1943年一直由法国人掌权。它的服务对象是英、法等国的侨民，不对中国人开放，加入会员有严格的限制。在上海，有钱有地位的法国人将进入法国球场总会的门槛设立得很高，阶级的界限一目了然。这座象征权威与势力的法国球场总会，从诞生起就赢得了"远东最美建筑"的称号，以至于在今天的我们看来，在20世纪20年代的上海，能拥有这样不同凡响、既华丽又独具新意的庞大建筑，是多么不可思议的事情。

法国球场总会为宽阔的两层建筑，坐北朝南，中间主楼的中轴南立面微有凸出的曲面，当年在这个曲面里是著名的法式餐厅；南立面的两翼是连续的落地拱门，以及二楼高大的联排柱廊撑起的内凹的长廊，两翼的功能则是阅览室、私人会议厅和大吧台；北部两边的凸出部分和东北侧的内部被设计成椭圆形，一楼是台球房，二楼则是远近闻名的舞场；西北侧的凸出部分则是运动场馆的休息室和更衣室；它的西面是紧邻的按奥林匹克标准建立的上海第一座标准化游泳池。这座两层的宽广建筑有一个巨大的屋顶花

法国球场总会的东立面,图左为东入口的门廊,右侧的底层曾经是台球房,二楼曾经是远近闻名的舞场(摄影:焦磊)

园,当年,这里是露天的助兴音乐会和舞会的最佳之地,屋顶的两座望亭有着视觉上强调欧洲古典风格的意蕴。

整个建筑南立面的中央和两端均有略微突出的弧形立面,其余都为阳台式的长廊。主楼的南立面长约90米,其中轴有凸出的圆形立面和对称的设计,这个凸出的半圆立面向外支撑出一个巨大的呈放射状的大雨篷,它与凸出的中心成为主楼的视觉焦点。大雨篷下,人们边品尝烧烤,边欣赏巨大的网球场上的运动景象。大雨篷后是三联的高大拱形门和拱门后的华丽餐厅。餐厅的墙上有木裙板装饰,另外还嵌有小浮雕作为装饰的观赏中心,遗憾的是,在20世纪80年代改建为花园饭店的大堂时,这些浮雕被拆下

这是东入口前厅的老照片,西侧金色的马赛克装饰墙和壁龛,它们与棕色和黄色的马赛克地坪组成和谐的场景(照片来源:历史照片)

来后遗失了。

  法国球场总会中轴两翼的二楼为宽敞的阳台形成的爱奥尼克柱式长廊,底层外墙以水磨石仿石材叠砌,分割线呈现出厚重质感,内凹的落地窗和阳台周围有丰富的装饰元素。站在任何一个位置来欣赏主楼,你会发现建筑的整体极为宽广并充满艺术格调,有皇宫的表象和丰富的韵律,看似处处对称,四平八稳,却绝不拘谨,装饰简洁,宽松有度。

  沿街的东入口延续建筑的新古典主义风格的统一性,凸出的入口门廊以方形柱支撑成为沿街的视觉焦点和入口提示。可别小看了这几个方形立柱支撑的门廊,这可是贲安当年的大胆创新,是现代主义建筑风格的局部提示。20世纪初,希腊柱是金科玉律,一个正牌的学院派建筑师将立柱改变成其他样式,这多少会令人想起建筑师的大胆。

  从东立面的高窗可以判断楼上舞场的挑高的尺寸,外墙的拱

20世纪30年代的法国球场总会台球房的老照片(照片来源:历史照片)

法国球场总会曾经的台球房,如今已是咖啡厅,漏斗形的柱顶是20世纪80年代改建为花园饭店裙楼时的新造型

法国球场总会东厅二楼的楼梯

券窗与壁龛上的券心石，壁龛里的锦杯和左右两侧的流苏展现了恰到好处的装饰效果，体现了赉安扎实的学院派功力和化繁为简的能力。由东入口入内，Art Deco（装饰艺术派）风格的前厅，一片华美景象令人仰望。这里是法国球场总会时期正大门的前厅，首先映入眼帘的是一面金色的马赛克装饰墙和壁龛，原来在壁龛内安置的雕塑已经被川原龙三郎制作的裸女立像所替代。前厅的楼梯口，双跑楼梯由白色和黑色大理石建造，精致的花饰铸铁楼梯栏杆被设计成弧形弯曲状，将人们引向二楼。拾级而上，当年赉安和维塞尔花了很多心思和时间设计的铸铁扶手栏杆至今被保留完好，卷曲的花纹图案充满了典型的新艺术运动的浪漫情调。

　　进入底层的台球房，只见方形立柱在中间形成两排，形状统一，图案简洁。我们现在看见的这些漏斗形的柱顶是20世纪80年代改建为花园饭店裙楼时的新造型。这些立柱用以支撑上层大舞厅在举办大型舞会时的负荷。至今，台球房的格局依然在，只是，它已是上海怀旧的咖啡馆。

　　在二楼的前厅和北侧的大舞厅的入口，可以仔细观看立柱顶

大舞厅的入口是复古与现代混合的装饰,裸体浮雕栩栩如生

法国球场总会椭圆形大舞厅的顶灯造型极具现代感(摄影:焦磊)

法国球场总会的纸牌房
（照片来源：历史照片）

法国球场总会私人会客厅（照片来源：历史照片）

端栩栩如生的裸体女子的浮雕，弧形的天花板鎏金描绘与金色贝壳状的壁龛相映成趣，令人想起欧洲的宫廷。

推开大舞厅的白色大门，顿时辉煌一片，天花板上巨大的彩色玻璃镶拼而成的椭圆多棱造型的天顶将光影投射在椭圆形状的大

法国球场总会南部二楼的阳台式长廊

舞厅里,这些彩色玻璃棱片由意大利的工艺艺术家定制。挑高七米的大宴会厅的西侧有一排半圆包厢,东面墙上,在窗与窗之间,装饰艺术的图案和小尺寸的浮雕十分精美。整个大舞厅是这座雄伟建筑的精华所在。大舞厅铺有光亮的槭木地板,长27米、宽14米的地板铺设在无数的弹簧之上。20世纪上半叶,城市中的显赫名流纷纷在弹簧地板上舞蹈。20世纪下半叶,这里是这座城市中的高端家庭为子女操办大型婚礼的大宴会厅。

从二楼东侧的前厅到中庭的大空间被赉安设计成超大的纸牌游戏房和两个私人房间,遇到有大型活动,大空间的隔板可以全部移走。如今,这里是花园酒店的会议厅。两个富丽堂皇的会议厅以弧形高窗将光线引入,挑高的天花板简洁明快。当年,墙上的壁

蝴蝶与贝壳混合造型的壁灯（摄影：焦磊）

画多以格调明快的现代绘画为主，有的抽象，有的写意，富含装饰派艺术的语言元素，绝没有欧洲宫廷油画。每个房间用来点缀的雕塑也都是清丽精致的现代作品。如今，价格不菲的高档会议厅里，那些挂在墙上的画早已不知去向。西北侧曾经有一座游泳池。这个游泳池长 54 米、宽 10 米，全部由黑白釉陶铺砌而成。泳池的四周装配有可以拆卸的台阶，比赛时，这些台阶可以容纳几百名观众。后来，泳池被加盖了屋顶。1960 年，毛泽东在上海逗留时常常在这里游泳。

　　作为法租界中心的新古典主义建筑，法国球场总会的高端品质很自然地流露出殖民者的权力意识。在造型设计上，它足以胜任法国殖民者的纪念和权力的象征功能，并成为赉安建筑师生涯最为辉煌的作品。如果说，他在巴黎美术学院得到扎实的建筑学基础只是纸上谈兵，那么，这座宏伟建筑则是他学院派功底的亮相和在艺术造诣上得到的充分施展。不仅如此,他是上海最早使用装饰艺术风格的建筑师之一。

1949年至1959年,法国球场总会变更为上海市体育运动总会,其巨大的网球场成为体育运动总会的室外运动场,而主建筑则成为文化俱乐部。1960年,毛泽东在此居住后,室外的运动场被改建为一座大花园。1960年起,文化俱乐部又更名为锦江俱乐部,直到1984年,日本野村证券集团投资兴建5星级花园饭店之前,这里的功能大部分是以运动健身为主。从法租界时期欧洲侨民的聚会和运动健身的场所,到法租界结束后成为广大市民的运动场所,这里几乎没有改变其运动的初衷。

这座昔日的乐园在1985年被改造成花园酒店的裙楼,成为一座靓丽的大堂,与它背后33层酒店的对比形成历史的融合与趣味。遗憾的是,那座泳池被改造成了一座气派的下沉式咖啡馆的一部分;而平顶屋面上曾经令人遐想的两座望亭被无情地拆毁,取而代之的是一座仿制的望亭立于由20个球场改建的大花园中心。望亭成了这座以花园为名的酒店的点缀。

自从法国球场总会的竞图比赛获奖后,赉安和维塞尔的心情一直很好,可以说这是两个合伙人的快乐时光,这种快乐来自于建筑界的认可和那些赢得的财富。维塞尔整日开开心心地接受来自各方面的施工问题并奔走于政府部门,他似乎从来不知道什么是麻烦。每当赉安与他探讨设计稿存在的疑惑时,他就是赉安最亲密的伙伴和正面回答问题并有自己独立见解的建筑师。赉安则全神贯注地研究和设想新建筑的形状、材料和新的设计思路,他将来自世界各地的建筑信息整理起来,天天苦思冥想寻找灵感。他觉得自己的力量和动力来自对艺术的追求,这种追求没有停止的一刻。偶尔,他会和朋友们一起出门旅行,常常是租一条小船沿着苏州河前往郊区打猎,在船上休息几天再回到办公室继续战斗。有时候,他也会和范诺、斯皮尔曼去打网球。这样的生活对于赉安已经是非常满足了,但是,在建筑师的领域,他却执拗地认为自己还不成熟。他对自己已经完工的建筑总是抱有较多遗憾,总是说如果在某个细部调整一下会更好,或是某个空间如果进入更多的光线会更满意。

有时候,两个人都清楚无误地认为,各自的不同性格和才华的碰撞成全了他们在上海建筑界的地位和声誉。同时,他们也深深地知道,上海的经济发展才是一家建筑师事务所得以发展和成功的主要原因。两个籍籍无名的法国年轻人在上海从法国球场总会的竞图获奖到建筑的一鸣惊人,无不证明了赉安和维塞尔的建筑智慧和对大型施工项目的掌控能力。

第三章　现代主义风格建筑的开端

1925年巴黎世博会

　　1920年1月，贲安在严寒中抵达上海，1925年3月初春，他离开上海返回巴黎，同样是坐邮船，来的时候他坐的是下等舱，返回的时候已经是坐头等舱了。此次，他要去参加在巴黎举行的1925年世界博览会。

　　在上海的短短几年，他得到很多人的帮助，也用尽力气争取在建筑界获得更多机会。这四年多的上海创业历程，他跨越了无数的艰难，但与他来上海前所经历的西线战役的艰苦卓绝相比，贲安几乎可以说是轻松驾驭的。

　　在上海设计了多种创新风格的建筑后，他发现自己已经十分疲倦，并逐渐进入了想象力枯竭期，那种电一般的创造力渐渐消失。他曾经翻阅大量的建筑杂志，包括法国的、英国的、日本的、美国的，他在杂志上获得一些启发和灵感，但他从不希望自己设计的建筑有抄袭的行为，哪怕是雇主要他模仿某一座建筑，他都不会答应。凡是拥有经过大脑融会贯通的创作过程，只要灵感来源清晰可辨，他都会坚决地说服雇主去尝试一个更新的建筑风格。可喜的是，他总能博得掌声，而且口碑极佳。其实，只有贲安自己才知道,最初设计的几幢西式别墅都是不断犯错、不断纠正的实验品,后来和维塞尔共同设计的法国球场总会才是他们倾尽全力发挥得最好的作品。那时候,他们终于摆脱了不自信的心理负担。不过,在赉安的心里始终装着现代建筑的梦想,他一直没有机会设计一座反抗巴黎学院派现代主义风格(当时被称为国际主义风格)的建筑。此次赴巴黎参加世界博览会,他满怀着期待,寄希望于通过博览会让装饰派艺术(Art Deco)的新风格、新风尚获得世界的认可;更希望在上海以"现代性"的认知将西方复古建筑彻底改变。他渴望现代建筑在上海流行起来。

此刻,他在邮船上,感觉自己就像一口被挖干了、仅剩一泓水的深井,急待雨露的滋润。他需要寻一个安静之处静下来,好好将思维方式重新调整一下,让电一般的创意灵感归来。

为了参加4月份在巴黎举行的世博会,为了在世博会上博得一个好位置顺利完成展品的布置,赉安已经忙碌了整整几个月,他参展的培恩公寓和白赛仲公寓的模型已经提前一个月就运往巴黎了。他等待着自己人生第一个装饰派艺术建筑在巴黎展示的机会。他要让世界知道自己的名字,要让世界知道上海正逐步成为一座时尚的都市。

邮船终于抵达了阔别四年多的马赛港,赉安看着地中海上的蓝天和白云,心情非常激动。这座海边名城有着灿烂的历史文化和卓然的城市建筑。想当年,他就是从这个港口出征阿尔及尔和上海,这其中的感慨唤起了他对这座城市的热爱。可是,他对这里只有热爱没有眷恋,这里只是人生旅程的一个驿站。他匆匆一瞥就踏上了开往巴黎的列车。他急切地希望列车以最快的速度抵达巴黎。当巴黎的里昂火车站的钢骨架玻璃天棚出现在春光明媚的蓝天下时,他激动得几乎要流泪。他仍然拎着那只与自己朝夕相处的棕色大皮箱,走出火车站,他感觉到一个游子回归故里的兴奋与陶醉。巴黎的空气、巴黎的街景唤醒了他对故土的强烈之爱。

进入巴黎中心的大堂地区,看见熟悉的教堂和食品交易市场,赉安犹豫起来。家就在不远处,他多么想直奔家里去与母亲拥抱,但是,当母亲严肃的面容出现在脑海里时,他开始进入沮丧的深渊。他在大堂附近徘徊,从伯杰街走到莫里哀中学,从塞纳河走到市政厅,最后还是回到了普罗瓦利斯街。母亲阳台上的玫瑰花已经初绽,他不认为自己在上海的风生水起会得到母亲的赞赏,更何况上海的法国球场总会还没有竣工,自己没有什么值得在母亲面前引以自豪的成绩。他依旧沮丧着,不敢去按那棕色大门上的门铃。夜幕四合时分,他振作起精神决定去哥哥亨利的家里。

哥哥欢天喜地地接待了盼望已久的弟弟。他把家里的房间腾出一块地方为赉安安置临时小床,这张小床紧挨着一扇落地的百叶窗。窗外的夜色中,连绵起伏的芒萨尔式坡屋顶和老虎窗成了黑色的剪影,这些屋顶曾经是赉安早期建筑作品的灵感来源,如今再次看见它们,他感到无比亲切。哥哥高兴地拿出红酒和上好的奶酪,小公寓的房间里顿时充满了热烈的气氛。他们谈天说地,从巴黎的生活聊到上海的经济发展和风土人情。他们饶有兴趣地从儿时的记忆里不断捕捉那些有趣的事情。

巴黎的夜静谧而安详,赉安站在窗前,思绪滚滚而来,与哥哥的对话所引发的记忆再次冲向他的脑海。那些难以忘却的童年和少年时光,那些与这座城市心手相连的感怀一次次让他的眼眶湿润了。

第二天,他在塞纳河畔徜徉,一遍遍凝视着巴黎美术学院的建筑陷入沉思。这所培育自己多年的学院,无数的回忆转化为无尽的感恩和怀恋。如今,事业已经逐步走上正轨的赉安不再对母校当年拒绝他去罗马法兰西学院而耿耿于怀了,取而代之的是对学院的培养的无限感激。他去拜访学院的校长和教授们,教授们发现,当年孤傲不羁、醉心于建筑的赉安变成了另一个人。已经34岁的赉安不仅稳重有余,而且已经有大将的气度了。校长和教授们隐隐地感觉赉安将成为美院的荣誉。

在巴黎,赉安与思念已久的老朋友勒·柯布西耶的见面总是不同寻常。在左岸的咖啡馆,两个对建筑无比倾心的朋友相见时深感今非昔比,谈起各自的事业都有欣慰之感。那天,柯布西耶带着赉安去参观了自己设计并即将竣工的拉罗歇别墅。这座令人惊呼的别墅是一座混凝土支撑的白色盒子,走上室内的一条坡道能欣赏到对面墙上悬挂的毕加索画作,而柯布西耶的画作也在展示厅的墙上。一个个现代预制板拼接的盒子间里,没有繁文缛节的空间,柯布西耶彻底颠覆了以前的建筑传统和观念。拉罗歇别墅让赉安坐立不安,一方面,他为同行的建筑设计师已经早早地走进了现代主义风格建筑的最前列而感到兴奋;另一方面,他为上海仍然在追逐西式复古建筑而感到失落。虽然,这一次自己带来了装饰派艺术的培恩公寓和白赛仲公寓的模型参展,但是,与柯布西耶的现代主义风格建筑的理念相比,自己几乎只是一个跟风的人,是落在了他后头的人。在同时代的各国建筑设计师里,赉安对柯布西耶有足够的欣赏,不仅因为最初的钢筋混凝土设计方法得到柯布西耶的指点,也因为两人对现代建筑的设想有着惊人相似的观点,而且,在1920年来上海之前,他和柯布西耶曾经共同设计过现代建筑风格的建筑设计稿。在自己的求知岁月里,柯布西耶是难得的好友。

他和柯布西耶的多次聚会,几乎每一次都会有灵光一闪的时刻。每当一个新的意识或灵感冒出火花,他们就紧紧抓住不放,锲而不舍地紧追灵感直到在草图上出现灵动的建筑模样或是某一个细节的构架为止。在赉安的眼里,柯布西耶能站在巴黎建筑艺术制高点的位置,能够在大的艺术环境里施展自己的才华,那是多么幸运的事情。

晚上,赉安经常久久无法入眠,柯布西耶的拉罗歇别墅一遍遍地在脑海里出现,别墅底层被架空的立柱所解放出来的空间、巨大的玻璃墙面和柔和的室内光线、那条标志性的室内坡道,这些景象不时交替出现在大脑里挥之不去。他很清楚,柯布西耶的第一个建筑作品已经令全世界刮目相看,他的绘画作品和毕加索的风格相近,将来很可能也会名声大噪。那些不安的夜晚,赉安总有一些深入的思考,尤其是正准备大行其道的装饰派艺术和柯布西耶提倡的现代主义风格之间的关系,这让他充分感觉到一种未来建筑的大趋势会是现代主义,而装饰派艺术只是点燃了现代主义建筑之火。柯布西耶的国际式建筑虽然让赉安十分向往巴黎的艺术氛围,正如柯布西耶所说的"巴黎就像是实验室,所有神奇的东西都在这里得到检验"。但是,他还是觉得上海有自己奋斗的价值,因为上海的那些冒险家随时都在计划着城市的变化和令人不可思议的事情。在这座东方已经逐渐崭露头角的城市里,那些大亨从一无所有到腰缠万贯的事例人尽皆知,城市的发展伴随着一批批冒险家的快速崛起,而自己正是这其中的一员。他相信,只要向着现代主义风格而去,上海拥有现代建筑的这一天终将到来。无论如何,自己会坚定地选择现代主义风格走下去,并且,自己设计的建筑一定会拥有自己独特的风格和不同于柯布西耶的现代主义风格建筑的地方。

在这次的巴黎世博会上,赉安洋行的展厅四周悬挂着他的成名作上海法国球场总会的设计稿、剖面图和多幅建筑施工照片。

照片上的法国球场总会正在施工，建筑轮廓已经初露端倪。另外几张照片是装饰派艺术风格的方西马公寓D、E（今建安公寓）的设计效果图。

培恩公寓的模型立在展厅的中心位置，这是一座小巧而精致的木制模型，光滑的棕色小木片支撑着一座宽广的三面临街的公寓和一座由副楼共同围合起来的组合建筑。模型有着条理分明的空间和设计合理的布局，装饰派艺术风格的外立面包裹着内部的现代空间，方形的楼梯、简约的楼梯扶手一派新的气象。主楼中轴线有着装饰派艺术逐层退位的塔顶，无论从哪个角度看这座塔顶，它都有引人入胜之处。

虽然培恩公寓的模型已经是走向现代建筑的作品，但是，相对于这次的世博会上无数大胆的现代作品和美国摩天大楼的设计模型，赉安觉得培恩公寓的这个设计还是不够装饰派艺术风格，只可以说是古典风格至现代风格的过渡。从个人对现代建筑的追求而言，他觉得自己的确不够大胆，除了建筑的宏伟大气和使用了装饰派艺术的几何构图外，其他都还称不上现代。而且，自己的设计过多强调空间的实用性，比如狭窄的走廊，密度较高的居室，等等。

这次的巴黎世博会，赉安时刻被新的东西吸引着，他感觉新时代已经稳步到来，一种崭新的气象令自己跃跃欲试。世博会上，柯布西耶设计的别墅公寓也参展了，它是被称为"新精神馆"的现代建筑中的一个单元，只是一个简单的盒子，却可以无限复制在现代大楼里。柯布西耶又一次走在了时尚的前沿。新精神馆让建筑师们感叹不已。这座没有繁文缛节装饰的标准化住宅引起了极大的轰动并获得了世博会的一等奖。

以装饰派艺术新风尚为主题的世博会上，大家都紧跟潮流体现工业革命的现代化，几何形的日用家居、摩天大楼的模型和陈列馆的装饰派艺术风格到处可见。世博会的所有建筑异彩纷呈,既有各国自己的独特风格,又有现代建筑的元素,尤其是装饰派艺术的建筑风格几乎体现在任何地方,包括工艺品和家具的设计。来到令人眼花缭乱的世博会就像来到了一个未来的艺术世界,贲安细细品味着世博会的一切令人心动的情景,脑海里满是奇异的灵感。

贲安几乎每天在展会上都与很多老朋友重逢,其中就有画家毕加索。展厅成了畅谈艺术的极佳之地,他每天的心情都是阳光灿烂的,多年的思乡之情也得到了缓释。在巴黎,他总是不停地将看见的或闪现的灵感记录在笔记本上。笔记本很快就被写满换成新的了,新的笔记本很快又被他的奇思妙想填满了。虽然,每天晚上还必须花很多时间为上海的订单设计建筑图纸,但是,他变得十分有灵感并且事半功倍。有时候,他与柯布西耶聚会、吃饭或是喝咖啡,两个人常常拿出各自的笔记本给对方看,然后,他们可以为一个新颖的设计讨论一个晚上;有时候,为了一个观点,两个人争论得面红耳赤。尽管双方的笔记本里往往只是一个粗略的设想,比如建筑的顶部设计、几条线、几个圆而已,但是两个人都能心领神会。当柯布西耶将自己创作的《走向新建筑》一书送给自己时,贲安又一次感到自己这位朋友的先锋精神是多么难能可贵。

仔细阅读柯布西耶的《走向新建筑》,这本书的理论和新观点,它所描绘的未来建筑和城市,都给贲安很大的思维冲击,他简直无法平静下来。他知道自己的追求目标发生了很大的变化,并且他已经从心底里完全认可了柯布西耶引导现代主义风尚建筑的能力。贲安反复思考柯布西耶的建筑观点,这些新建筑的风格能否在上海得到实践,尤其是底层架空、平屋顶的箱形建筑在上海是否会得到业主和开发商的认可呢?在贲安看来,箱形建筑在未来城市的传播不太可能,这毕竟缺乏人们普遍喜欢的阳台,建筑再怎么现代也必须考虑人的舒适度和视野的变化。同时,他开始确认自己是一个多面手,不仅是一个建筑师,也同时是结构工程师和商人,自己不可能走完全艺术化的道路,至少在上海,那是空中楼阁。他又一次暗自羡慕柯布西耶在巴黎的优越条件,这种条件反映在建筑艺术领域得天独厚的环境和巴黎艺术灵感的多样性。但是,人都是有命运的,如果不是抓住了奔赴上海的机会,如果待在巴黎又会怎样呢?巴黎很美,巴黎是故乡,巴黎有家人,巴黎到处都是漂亮的公寓和华丽的宫廷建筑,可是,巴黎缺乏建造新建筑的机会。连柯布西耶都在羡慕自己在上海有那么多的创作和建造的机会。

1925年9月,赉安踏上了开往上海的邮船。船上的日子总是安适的,他在船上的咖啡厅里邂逅了正准备去河内的建筑师事务所任职的阿瑟·科鲁兹(Arthur Kruze,1900—1989)。

阿瑟·科鲁兹生于1900年的法国北部城市鲁贝(Roubaix)。第一次世界大战爆发的前夕,因为反对加入德国少年先锋组织而被德军送往比利时囚禁。17岁时,他在一次外出强制劳动时,勇敢机智地获得了一次逃离的机会,最后在布鲁塞尔的山洞里一直躲藏到一战结束。在山洞里躲藏的艰苦日子里,他获得了一个布鲁塞尔青年的无私帮助。1925年夏季,他从巴黎美术学院毕业后便应聘了法属印度支那殖民地河内的一家建筑师事务所设计师之职,并在河内美术学院做兼职的绘画老师。

船上的休闲时光里,赉安和科鲁兹每天在一起喝咖啡、聊天。虽然科鲁兹比自己小十岁,但是,这个年轻人的艺术造诣却不容小觑。船上的二十多天,他们谈论现代主义风格建筑并建立了彼此的信任而成为好朋友。他们之后常常信函往来,无话不说。1930

阿瑟·科鲁兹
(Arthur Kruze, 1900—1989)

年,科鲁兹到上海游学并为上海的义品放款银行设计了一座位于福开森路(今武康路)的密丹公寓(Midget Aparts)。1934年1月,科鲁兹从河内抵达上海并成为赉安洋行的第三个股东。从1934年至1937年的三年多时间里,科鲁兹居住在密丹公寓的顶层。1937年至1939年,科鲁兹和维塞尔共同成为赉安洋行印度支那分行的主力设计师,在越南的河内、胡志明、大叻都留下了众多建筑设计作品。1939年后,科鲁兹去了巴黎,他在巴黎拥有自己的建筑师事务所且有不错的成绩。科鲁兹于1989年逝世于巴黎。

1925年10月初,邮船抵达越南芽庄,赉安和科鲁兹拥抱告别。随后,赉安回到了上海,他发现,由维塞尔亲自管理和解决各种施工难题的项目都一一完成了任务,于是,他和维塞尔大谈现代主义的建筑思潮。他们决定鼓起勇气征服一切困难,要将建造现代建筑的理想在上海实现。赉安和维塞尔决定扩大洋行的规模,招聘多个绘图员、验货员、打字员和联系业务的职员,希望通过职员队伍的扩大来承担起建造现代建筑的重任。

现代主义风格别墅的诞生

大约1924年的秋天,万国储蓄会欲将山东分行由济南搬迁至青岛。斯皮尔曼和一行董事们委托赉安去青岛设计一座巴洛克风格的新古典主义建筑用于万国储蓄会山东分行的办公楼。赉安欣然前往青岛,他喜欢这座德国人和世界各国犹太人驻扎的城市。对犹太人注重教育的景仰和自小接受的犹太文化,使他冥冥之中与犹太人有着无形的联系,他从不觉得反犹有什么意义,他认为反犹无非就是要犹太人的金钱罢了。在青岛,他常常在咖啡馆里与犹太人打成一片。他不去德国人的咖啡馆,因为,德国人常常会在咖啡馆里高声谈论刚刚上台就反犹的希特勒。他喜欢在看得到大海的房间里设计自己的新作品,那时候,他正着手培恩公寓和圣玛利亚医院病房的设计。在青岛的日子,他不但灵感频生,还在青岛的海边遇见了生命中极为重要的一个女人,一个美丽和善良的女子——伊莎贝斯·沃霍芙(Elisabeth Hvoroff)。

空旷的秋季海滩上,黄色的沙滩和灿烂的阳光将世界涂抹得只剩黄蓝两色。在海滩散步的赉安看见不远处一个美丽的少女在阳光下遥望茫茫的大海。她身形婀娜,穿着白色的连衣裙,深褐色的长发在海风中飘扬,她把手搭在额上,看着一望无际的蓝色海洋。他能看见她大理石般净亮的鼻子和下巴。她身边的沙地上是一本厚厚的书和一个牛皮纸袋,纸袋里露出一截卷着的报纸,这是犹太人喜欢看的《以色列信使报》。赉安几乎每天都会看这份英文报纸,以便了解在远东地区犹太人的生活状况,他甚至认识这家报纸的主编N. E. B. 埃兹拉。

赉安的第一任妻子伊莎贝斯·沃霍芙
(Elisabeth Hvoroff, 1907—1934)

  他不自觉地被她吸引过去,沙滩上留下一串他的脚印。他默默地想着用怎样的语言与这位美丽的女子搭讪,英语还是俄语?最后,他断定她的美只有俄罗斯姑娘才会拥有。他勇敢地走到她身边,他们互相报出自己的名字,然后就像老朋友一般在沙滩上聊天。这位明眸皓齿的女子果真是俄罗斯人。她告诉他,自己叫伊莎贝斯·沃霍芙,是俄罗斯籍的犹太人。

  伊萨贝斯·沃霍芙于1907年生于西伯利亚南部的一个犹太人家庭。1924年秋天,她与赉安邂逅,她认为这是神的安排并且必须由神来做主。那时,她17岁,风华正茂,她被赉安的风度和才华所吸引,同时也担忧自己的犹太人身份会不会让赉安失望。赉安似乎知道沃霍芙内心的忧虑。他告诉沃霍芙自己在犹太人大量聚集的巴黎中央食品交易市场长大,法国社会党的领袖人物让·龙格不但是犹太人,而且和自己的母亲还是巴黎社会党的主要核心成员。

  他们被彼此吸引,没几天就成了无话不说的一对恋人。赉安在青岛的两个多月时间里,沃霍芙住在赉安租住的地方。他们谈爱情、谈艺术和文学的话题,也谈中国的风土人情和时事,那种畅所欲言和心灵相通的感觉使两个人如胶似漆。沃霍芙清澈如溪流的眼神就像阳光一样令赉安舒坦和自在。有时候，沃霍芙忧郁地看着赉安，生怕自己的犹太人基因会阻挡爱情的发展。赉安深知犹太民族的秉性，他毫不掩饰自己对犹太人的好感，他说到了马克思和龙格，谈到了饶勒斯和自己激进的母亲，以及母亲对犹太民族的大爱之情，还谈到了法国最早解放犹太人的故事和犹太人在法国从事金融业的事情。

一对恋人在青岛度过了两个月耳鬓厮磨的时间。在大海边的晚霞里，沃霍芙倾听一个建筑师的现代主义理想和建立一个家庭的美好计划。赉安的爱情终于来临了，他要回到上海给自己和沃霍芙建一座别墅，他要给沃霍芙一个永久的安身立命的家、一个幸福安逸的家。不过，沃霍芙并没有答应赉安一同去上海的要求。

回到上海的赉安，忙于多个大型建筑的设计和施工，他只能与远在青岛的沃霍芙互通信件。1926年10月，赉安收到沃霍芙一封信，这封信说他们的女儿已经诞生于1926年9月17日，女儿的名字是 Marie Jeanne Josephine Elisabeth Leonard。

赉安坐不住了。他即刻整理行囊，跑到霞飞路买了一堆女儿的衣服和生活用品。他将自己有了一个女儿的消息告诉了维塞尔和洋行里的伙伴们。拿着第二天出发的船票，他的心脏几乎要跳出来了。在去青岛的船上，他想好了要将亲爱的沃霍芙和自己的骨肉带回上海生活，他要组成一个完美的家庭，要给妻子和女儿一座好地段的别墅。路上，他给自己的宝贝女儿起一个别名：娜芮特（Nanette）。同时，赉安决定在西爱咸斯路（今永嘉路）上给自己的家庭建一座别墅，而维塞尔决定做娜芮特的教父并在西爱咸斯路上也建一座别墅。

1925年，建业地产在西爱咸斯路投资的西爱咸斯花园项目竣

西爱咸斯花园在永嘉路的南面(照片的右侧),其北面则是赉安和维塞尔的自宅(照片的左侧)

工了。西爱咸斯花园(今永嘉路511号至571号)是一片高档西式别墅住宅群,其中,赉安洋行设计了由五幢别墅组成的里弄(今永嘉路527弄1—5号)和三幢独立花园别墅(今永嘉路555号、557号、571号)。

西爱咸斯花园别墅之一,可见日臻完美的"赉安屋顶"(永嘉路557号)

西爱咸斯花园别墅之一,永嘉路571号门廊的立柱

在西爱咸斯花园施工的现场,赉安和维塞尔抽出时间为自己设计了两座完全不相同的现代主义风格的别墅,它们位于西爱咸斯路上(今永嘉路588号和590号),与西爱咸斯花园仅隔着一条西爱咸斯路。两座别墅隔着一堵墙,它们沿街而立,小小的花园和三层的建筑小巧玲珑又透着简洁与细节的完美,二楼的大玻璃窗和东首的弧形阳台几乎没有阻碍地将光线引入室内,小巧旋转的木制楼梯充满了装饰派艺术的格调,敞开的二楼空间分成东西各一间。一楼的客厅铺着地毯,长桌安置在中间,三面都有大玻璃窗和充足的光线。

赉安在西爱咸斯路的自宅并不是完全的现代主义风格的别墅,还留有装饰派艺术风格的某些特征,两种风格是糅杂在一起的,标志着从装饰派艺术风格到现代主义风格的过渡。如果说,建筑设计师常常受制于业主或投资商的愿望而不能尽其所能,那么,设计师的自宅是最能体现一个优秀设计师的品位和建筑美学价值的。

永嘉路588号的赉安之家竣工于1929年。那年,他拥有两个男仆和一个厨师,生活不再简朴而是小有奢华。这是赉安为自己在上海建立的一个新家,其隔壁便是维塞尔的别墅(今永嘉路590号),竣工于1928年。两个建筑设计师在西爱咸斯路上居住了多年,那时候上海的工人运动不断。1927年,上海的法国军队组建了一支轻型坦克队,赉安和维塞尔成为志愿军成员。坦克队驻扎在顾家宅公园(俗称法国公园,今复兴公园)路边的法国兵营。我们并不了解轻型坦克队的历史情况,作为志愿军,赉安和维塞尔应该是尽法国人的义务。

那些年,赉安还未曾体会到自己娶了一个犹太女人而带来的麻烦。虽然,作为一个勇者,他特立独行的性格掩盖了一切的世俗

费安上海旧居之一，永嘉路588号

二层的大面积窗户和转角圆柱的设计有新颖的现代主义设计手法

1927年,上海的法国军队组建了一支轻型坦克队,赉安(前排右一)和维塞尔(后排右一)成为志愿军成员(照片来源:安德莱)

羁绊,但是,他们的女儿娜芮特在学校里还是被部分同学和老师所孤立。尚不明理世事的娜芮特总觉得周围有一些人不太善意,那时,她还不知道犹太民族是怎样的民族,也不知道民族与民族之间的信仰是多么不同,她甚至都没有和母亲一起进入过犹太教堂。她从不觉得自己与周围的法国人有何不同。

虽然听说德国发生了阿道夫·希特勒上台后对犹太人在德国的种种限制,比如禁止犹太人出入浴室,犹太人不能从事公务员、医生、司法等工作,但毕竟那是发生在遥远的德国。赉安常常和沃霍芙就德国反犹事件而展开讨论。对于赉安来说,他只需要安慰自己的爱人不要悲观;而沃霍芙则感到一种强烈的不安情绪,她担心再来一次艰辛的迁徙或是到处隐藏的日子。

有关赉安在永嘉路上居住的时间,我们并不清楚。另外,赉安的妻女究竟是否在这里居住过,目前尚未得到确切信息。

国际现代建筑协会

1928年,远在巴黎的柯布西耶决定向政府灌输现代主义建筑的优势所在。他建立了一个政治联盟,将那些具有现代主义观点的建筑设计师聚集在一起。赉安理所当然地接受了柯布西耶的邀请,并出席了1928年6月在日内瓦举行,由柯布西耶创建的国际现代建筑协会(CIAM)的第一次代表大会。

赉安深知柯布西耶决定创建国际现代建筑协会的原因,是因为1927年日内瓦国联总部设计方案的失败。柯布西耶在国联总部设计竞赛中获得了第一名,但他对20世纪未来憧憬的现代主义设计方案并没有得到评委会的赏识,而胜出的方案是被评委会内定的新古典主义的设计方案。赉安知道柯布西耶建立国际现代建筑协会是为了出一口气,是为了更多的建筑设计师不再面对现代建筑的挫折与痛苦。赉安也有在上海无法全面设计现代建筑的困扰,虽然他一贯得到法国驻沪总领事和公董局的支持,但是,在现代建筑不被接受的1927年,要争取建一座现代建筑还是要尽力说服多方,所以,赉安非常支持柯布西耶建立国际性的现代建筑的组织。

国际现代建筑协会让世界各地有同样目的的人聚集在瑞士,他们要让现代建筑获得地位并推动社会的转型,这是何等艰巨的任务。赉安在去瑞士开会前已经设计并建造了一座现代主义建筑,但是,它在上海实属凤毛麟角,这就是1928年竣工的现代主义风格建筑白赛仲公寓(今复兴西路26号)。

白赛仲公寓是赉安洋行最早的现代主义风格建筑作品,虽然

白赛仲公寓（复兴西路 26 号）高六层，转角的内凹阳台呈三角形，是赉安洋行设计于 1924 年的现代主义建筑作品，其竣工时间为 1928 年

它还带着装饰派艺术的影子，但是，它体现出现代建筑功能性空间的布局和简洁立面的要求。从在众多别墅作品中嵌入现代建筑语言的尝试，到完全摆脱欧洲民居和古典建筑的学院派建筑风格，1924 年设计并于 1928 年竣工的白赛仲公寓是赉安洋行开始拥抱现代主义风格建筑设计理想的真正开始。

这次参加国际现代建筑协会第一次会议的 28 位设计师来自世界各地，立志于建造现代主义风格建筑。瑞士日内瓦北岸的拉萨拉兹堡成为这次会议的会址，他们在几天的时间里制定了组织的目标：宣传现代建筑的思想观念；要将现代建筑运动向技术、经济和社会领域推广；要解决具体的建筑问题，重新制定发展规划并

法租界法国驻沪总领事馆大楼设计效果图（摄自《巴塞住宅》）

建设成本更低的住房。

国际现代建筑协会第一次会议成为新闻媒体追逐的对象，各大报纸的版面尽是柯布西耶在会议上的照片。其后的1933年7月的第四次会议在马赛开往雅典的邮船上召开，我们不知道赉安是否参加了这一次诞生了《雅典宪章》的会议。《雅典宪章》的核心内容是柯布西耶的"光辉城市"，是毁掉一切重建一座柯布西耶理想中巨大的居住区。我们从赉安洋行的大量建筑里并没有看见赉安致敬柯布西耶的建筑。即使在1936年，如日中天的赉安也没有去实现"光辉城市"这样的理想。霞飞路上为法国驻沪总领事馆的新厦和法租界公董局新厦（上海第二特区工部局新厦）的设计上，完全体现了赉安洋行对现代建筑的理解——他总是不断创新，讲究功能和质量，有自己的标志性建筑风格，更有与城市发展规划的匹配和合理性。

1929年1月1日，赉安洋行将公司迁至霞飞路540号的飞龙大楼。这座五层的现代公寓刚刚竣工不久，根据赉安喜欢在建筑

法租界公董局新厦设计效果图（摄自《SHANGHAI'S ART DECO MASTER》）

顶部驻扎公司和居住的习惯，我们推断赉安洋行曾经在飞龙大厦的顶层办公。

1929年夏天，赉安应建筑结构工程师阿瑟·科鲁兹的邀请，前去越南大叨设计一座高规格的保大皇帝的行宫。在大叨的日子里，维塞尔和科鲁兹配合总设计师赉安设计这座越南末代皇帝的行宫。三个人很快就找到了灵感，装饰派艺术风格与现代主义风格混合的设计方案得到了保大皇帝的认可。他们在大叨迷人的山景和凉爽的避暑胜地度过了几个月的时间。

赉安与越南的末代皇帝阮福晪（年号为"保大"，被称为"保大皇帝"）有过多次见面。1933年，保大行宫得以竣工。1934年3月20日，保大在这里迎娶了第一位妻子阮友兰。阮友兰被封为"南芳皇后"。大叨的自然之美和舒适的气候让赉安非常留恋，他之后多次来大叨。在1941年之前，赉安大量的建筑作品是为大叨这座山城设计的。后面我们还会有赉安洋行在大叨及西贡的建筑作品

越南大叻的保大行宫正立面

越南大叻的保大行宫的背立面

保大行宫底层楼梯入口的造型简约大气

的介绍。

　　从白赛仲公寓到赍安的自宅,再到大叻的保大行宫,它们是赍安洋行早期的现代主义风格建筑的作品,也是目前已知的上海和大叻建筑史上最早的现代主义风格的作品之一。如果说赍安是上海现代主义风格建筑的先驱之一,应该是毫无疑义的。

第四章　入梦"东方巴黎"

繁华争起霞飞路

早在1923年格罗希路四联体别墅的作品中,赉安首次在建筑的北立面设计了当时已经进入尾声的新艺术运动的柔美曲线造型,而在这些入口的边上则是装饰派艺术模拟船窗的椭圆形窗框。随后,我们得以看见赉安在法国球场总会东厅的双跑楼梯的新艺术运动风格,以及大舞场和整个俱乐部内饰的装饰派艺术风格。作为在巴黎出生的法国建筑师,赉安亲眼目睹了1900年新艺术运动在巴黎世博会上的亮相,更受到起源于法国的装饰派艺术风格的影响。经历过一战的赉安,深知新艺术运动因战争而被击碎,他仍然怀念那些柔美的曲线。在上海,他设计的别墅里大部分都是新艺术运动的木制楼梯,那些流畅蜿蜒的曲线是他对童年记忆的美好回溯。

虽然好朋友柯布西耶一向不欣赏新艺术运动和装饰派艺术风格,但是赉安认为建筑是有历史发展和流行记录功能的,自己所崇尚的风格总是片面的,执拗于一种风格未尝不可,但是在实践中进行各种风格的创作本身就是一种运动。1928年之前,赉安将学院派、新艺术运动、装饰派艺术、法国文艺复兴、巴洛克、地中海等

法式独立花园别墅内的新艺术运动的楼梯,建国西路323号

风格杂糅在一起,在追逐个人设计风格的同时,将自己喜欢的形式和建筑语言全部尝试了一遍。这种尝试奠定了他对众多建筑风格的理解并成为他创作经验的基础;也因此,他可以将学院派的精细和价值观保留下来,并全身心地追逐现代主义建筑。赉安要的不是推翻建筑历史,而是要革新,要与时俱进。

新艺术运动形成于19世纪80年代至90年代,却因1914年第一次世界大战而几乎绝迹。而1918年至1939年两次世界大战之间的这段时期,新艺术运动成功地转型为装饰派艺术。1925年,赉安的装饰派艺术作品培恩公寓模型和白赛仲公寓模型在巴黎世博会展出,也有方西马公寓(今建安公寓)D、E的装饰派艺术设计图稿展示。虽然它们都在1930年前后竣工,但是,与时俱进的赉安已经在1928年完成了自己的第一个现代主义作品白赛仲公寓。白赛仲公寓虽然还带有装饰派艺术的影子,不过,建筑的形式已经属于现代主义了。

在城市的扩建浪潮中,赉安洋行借助房地产业的逐步兴旺和万国储蓄会及建业地产公司的一路高歌而走向成功,他们的新风尚建筑作品接连不断，口碑绝佳。与此同时，那些有更早历史的著名建筑师和老牌的建筑师洋行受到了赉安洋行不小的冲击，尤其是勒德勒梅玉田工程师行看着赉安洋行突飞猛进却毫无办法。另一个后来在英美租界风生水起的邬达克几乎和赉安一样获得展示自己才能的巨大机会。赉安成为上海法租界，也可以说上海法国城的缔造者之一，他是主张原创并充满原创精神的明星建筑师；而邬达克则是上海英美租界的杰出设计师之一。这是同时代的两颗建筑界的璀璨之星，在国际上的影响力则是赉安获得更早一些。

梅玉田到上海做建筑设计师的时间比赉安要早几年，且在赉安抵达上海前已经为万国储蓄会设计了建筑，可是，赉安的学院派功底加上创新和引领时尚的能力，以及个人魅力的发挥和国际影响力都让他领先梅玉田一大截。赉安几乎成了上海法租界，乃至整个上海设计量最大的建筑师之一。而且，赉安洋行的建筑在上海近代建筑风格和建筑质量上都是被称颂的，它们大部分都成为上海的历史保护建筑。

1914年，法租界从吕班路（今重庆中路和重庆南路）起始越界筑路，霞飞路一路由东往西飞奔而去。1930年左右，霞飞路及其周边的公共建筑和大量的西式住宅渐渐铺陈开来，它们一路伸展至西区的徐家汇。赉安洋行不失时机地出现在这个房地产扩张时期并获得多个霞飞路上的建筑设计项目，它们是：1924年竣工的霞飞路689弄（今淮海中路697弄）的法式里弄住宅；1925年竣工的东华大戏院（后改为巴黎大戏院、淮海电影院，今淮海中路550号）；1928年竣工的圣心会修道院（今淮海中路622弄7号）；1928年竣工的霞飞路610号沿街建筑（今淮海中路610号）；1930年竣工的格莱勋公寓（Gresham Apts，今淮海中路1222—1238号）；1930年竣工的培恩公寓（今淮海中路461号）；1934年竣工的盖司康公寓(Gascogne Apts,今淮海中路1202号、1204—1220号)。

1901年,霞飞路初名西江路,1906年改名为宝昌路,1915年又被以法国元帅霞飞之名命名为霞飞路。及至1930年左右,霞飞路两侧已经矗立着较多的公寓、大楼、花园住宅,形成了市区范围内最大的居民住宅区之一。这一带街区林荫道遍布,环境优美,住宅优雅,一座上海的法国城已初具规模,东方巴黎的美名开始远扬。

1925年末,当法国球场总会竣工后,原来在环龙路(今南昌路)的法国球场总会(今南昌路47号)转变为法国学堂,而在法国学堂的附近,霞飞路上由赉安设计的东华大戏院也竣工了。它的竣工为初步繁荣的霞飞路留下了一座经典的巴洛克公共建筑。赉安为这座大戏院设计了一排古朴十足的方形立柱组成的门廊和门廊上方二楼的三个连续拱券窗,人们可以在门廊里等候情人或是在窗前观望街景;平顶的屋面中间呈半弧形山花墙,山花墙下饰以卷草花纹,两边以八角小塔楼收分,这两个小型塔顶像极了巴黎公寓建筑的转角的塔顶;大戏院内更是富丽堂皇,天花板是无数水晶玻璃制作的多盏枝形吊灯。在沧桑巨变的历史长河中,曾经让无数人流连的东华大戏院经过20世纪90年代之后的几轮改建,如今早已面目全非了。

1930年之前,霞飞路中段已经有十几家食品店和许多咖啡馆,它们大部分都是早期来上海的俄罗斯人开设的。电影院是时尚人士聚集的地方,因为电影院的缘故,周边的服装店、珠宝店生意奇好。人们在电影散场后,会在附近吃俄式罗宋汤或喝咖啡。

1926年,当霞飞路上的东华大戏院的周边繁华起来,不远处的圣心会修道院进入了施工阶段。上海圣心会修道院是美国圣心会在世界各地创建的第151座修道院,又是美国圣心会在中国的第一座修道院。赉安在设计时基本抛却了学院派的金科玉律,将

1928 年竣工的圣心会修道院的东南立面（照片摄自 1937 年 7 月 14 日法文版《上海日报》）

圣心会修道院如今已成为上海社会科学院

简洁的装饰派艺术的外观和现代的内部空间结构融合一体，强调对称的主楼轴心的顶部有一个塔楼，塔楼上的钟楼和十字架提示着建筑的教会属性，轴心的两翼是具有现代意味的一整排的水平窗，纵向的柱子一列列穿过水平窗形成对称的秩序感。圣心会修道院于 1927 年 3 月 15 日举行破土动工仪式，然后在松软的"沼泽

圣心会修道院的主入口

圣心会修道院主楼的楼道,漂亮的马赛克地坪和水磨石楼梯

圣心会修道院的装饰派艺术楼梯铸铁栏杆

圣心会修道院底层东侧的走廊

地"上打下 2000 根木桩抬高地基。1928 年春天，圣心会修道院竣工后便开始进入完备的教育体系。

这座横向跨度很长的现代式大楼，虽然没有完全摒弃西式建筑的某些特征，但是，它横空出世的现代式外观让人眼前一亮。这座继法国球场总会之后的又一庞大体量的建筑，已经成为上海近代建筑设计的一个典范。1937 年成立的震旦女子文理学院及其附中曾经在圣心会修道院的一楼设临时课堂。1939 年春天，圣心会在修道院的西首竣工了一座震旦女子文理学院及其附中的教学楼，其设计者正是赉安的好朋友邬达克。修道院和教学楼相互连接，在三楼有走道相通。1952 年，圣心会修道院的主楼由上海市委党校所用。1978 年 10 月，上海社会科学院搬迁至此，这座经典建筑所承载的历史充满了教书育人的精神和人道主义的光辉，也见证了上海社会科学院的发展。这座赉安洋行设计建筑的经典建筑在 1982 年进行了改建，虽然建筑主体得到了保护，但是，主楼被增建至五层，塔楼不见了。

1930 年，繁华的霞飞路两边已经连成了两排店铺，来自俄罗

沿街建筑（淮海中路610号）

斯的难民们已经在霞飞路安顿了下来，而且过上了不错的生活。无数人在霞飞路上有了自己的职业——面包师、厨师、咖啡馆服务员、百货商店服务员、电影院售票员、拉皮条的、站街女、游荡的小偷……他们都出现在热闹的霞飞路上，形成繁华都市的最基本的成员。

而此时，主体结构已经基本完成的培恩公寓已经高耸在霞飞路的中段，虽然，它的神秘面纱还没有揭去，但是，它的巨大的体量和霞飞路第一的高度吸引着霞飞路的行人驻足观望。

1930年年末，在霞飞路上出现了一幢体量巨大的咖啡色高楼建筑。它在阳光下闪闪发光，给城市里的法租界增添了一股大气稳重的城市风貌。这件作品的诞生展现了设计师能够明确掌握现

霞飞路上的"巨轮",租界时期的中央区标志——培恩公寓

代主义风格建筑的特征和装饰派艺术风格的能力。

培恩公寓建筑面积16万平方米,四面临街,主楼高六层,主楼建筑中央的六层至九层为逐渐退台的塔楼,主楼的中轴严格对称,垂直竖线条的构图与间隔凸窗有规律地排列,两翼的东面呈圆弧状转入吕班路(今重庆南路),西面则是主立面的垂直转折。整个建筑严格按竖线节奏分配立面的开窗,并有序出现三个窗子围合的三边形凸窗;在塔楼下方的七层楼,四个椭圆形的小窗为模拟交通工具开创的装饰艺术派风格的特征之一。

建筑的南面另建有高四层(后来加建了一层)的辅楼和车库。主建筑的南立面不再使用北立面沿街的褐色釉面砖的贴面,改用灰色水泥抹灰拉毛墙,南立面的视觉焦点为凸出的阳台。这些阳

在麦赛尔蒂罗路(今兴安路)和华龙路(今雁荡路)俯瞰培恩公寓围合的建筑群(摄影:焦磊)

台保持与沿街建筑立面风格的一致,被设计为三边形。主入口位于塔楼中轴线的底层,南北各有一个入口,精心设计的楼梯和电梯都在主入口内,主楼的室内则是多种户型的公寓居室,都配有厨房、卫生设施和来自凸窗或阳台的光线,在主楼的九楼楼梯旁俯视,可以看见方形的楼梯井直落底层,非常壮观。

在霞飞路的中段高高矗立的培恩公寓很快被出租一空,万国储蓄会赚足了金钱并博得广泛的关注,在城市的富人阶层开始将公寓建筑纳入自己的视线范围,地产开发商们开始摩拳擦掌进军公寓市场;那些留学英国、美国和法国的学生们回国后在上海做起

培恩公寓的楼梯铸铁栏杆的扶手和拼花的贴墙

了白领,他们也开始关注公寓的租金和地段,相比住在低矮的老建筑里,他们则渴望公寓的高档品位和个人的私密空间;与地产市场蓬勃的景象相呼应的则是整条霞飞路上,俄罗斯人的各种店铺生意红火,此时正可谓美好的年代。

1931年11月1日,赉安与维塞尔将赉安洋行进驻到培恩公寓九楼(公司一直在此运营至1942年)。整个九楼,电梯和楼梯的两侧各是一个大房间。大房间内三面都是大窗,塔楼退位形成的平台东西各一个。平台是观景非常好的地方,北望可见跑马厅飞舞的赛马,东望可见外滩的建筑群,南望可见法租界的高档住宅区和建于1917年的原法国总会老建筑。赉安的办公室被安置在西面,西窗和平台都能看见一条向西发展的霞飞路以及霞飞路北侧的法国球场总会。

培恩公寓九楼是赉安洋行办公12年的地方,也是赉安和维塞尔以及1934年1月1日加盟的科鲁兹,曾经在这里结下深厚友情

这张在上海郊外打猎的照片摄于里约夫在上海（1927—1930）期间，站立者为维塞尔，右侧为里约夫，左侧的赉安看着镜头。是谁拍的照片呢？

和创作了众多经典建筑的地方。如今的培恩公寓，依然是热闹的淮海中路商业大街的地标建筑。

1930年左右，上海的一些地产开发商开始追逐公寓和高楼建筑，尤其是在外滩的华懋大厦（今和平饭店）落成后，这种对公寓和高楼的热衷与追求简直到了狂热的程度，尽管中间一度出现经济危机，但是，对公寓的趋之若鹜从未间断。

1930年前后，这座十年前看起来还是很落后的城市，如今看起来已经逐步形成了城市的格局。从追求复古西式别墅到热衷于公寓与高楼，从炫耀西式的生活方式到满大街的西装革履，赉安看见了一座城市的改变和新鲜的活力。他觉得自己是城市的建设者，参与了主要街道的一些建筑的设计，有些已经成为了他个人或公司的标记性建筑。

在上海的十年建筑师生涯，赉安获得了可喜的事业与生活上的收获。他逐步融入了这座城市，很多时候，他将上海这座"东方巴黎"视为自己的故乡。

在法租界，赉安以优质作品见长的建筑已经足够多，他的那本随身携带的笔记本一打开便是满满的字迹和草图,并且,这样的笔记本在他的书桌上已经是厚厚的一叠,他手里完工的建筑项目已经可以写满一页纸了。

艺术风格杂糅的高恩路

1924年至1933年是赉安洋行一路高歌的十年。高恩路(今高安路)上,从流行西式复古别墅到追逐现代主义风格建筑的过程,凝聚着赉安洋行在西区的发展历程和建筑成就。1924年至1926年,赉安在高恩路和福履理路交叉口设计了一批有著名的"赉安屋顶"的独立花园别墅群。1932年,高恩路与福履理路交叉口的西北部,方西马公寓A、B、C楼的第一期和第二期的工程完工了,它们是现在的高安路50号、高安路60号、高安路62号。方西马公寓A坐西朝东沿街而立,方西马公寓B、C楼两幢公寓略构成交叉角度,坐北朝南。方西马公寓A、B、C楼属于西班牙建筑风格,其内部空间格局非常大气,每层只有两户人家,内凹的阳台宽敞而明亮,内饰全部是装饰性艺术风格,其空间功能的开阔和明亮光线在上海都是屈指可数的。无论是建筑的外观水泥拉毛,还是局部的砖饰,西班牙建筑的外观总是让人们不由自主地喜欢,它们展示了现代公寓的可读性和被观赏的姿态,也显示了法国人在城市规划和街区环境的艺术品位。

在高恩路上诞生的方西马公寓A、B、C楼,又一次展示了赉安洋行设计的建筑的多风格和创新精神,西班牙建筑的语言元素体现在方西马公寓的立面上尽是独特而舒展的姿态,它们所显示的外观正是人们所期待的理想生活状态。

方西马公寓 B 楼南立面，高安路 60 号

方西马公寓 B 楼中轴的屋顶下是建业地产公司的标志 FIC 的法语字母

方西马公寓 B 楼的楼梯

方西马公寓 A、B、C 楼的对面是赉安洋行竣工于 1931 年的西高特（Etienne Sigaut,1887—1983）住宅（今高安路 63 号），它现在被称为"励家花园"，这和 1948 年曾经在此居住过的励树雄有关。1927 年至 1935 年，西高特任建业地产公司的董事长及总经理，这正是建业地产公司蓬勃发展的时期。1935 年后，万国储蓄会开始走下坡路，建业地产的董事长由范乃乐（P. Fano，范诺之子）担任。1936 年，万国储蓄会仍然拥有职员 70 名，建业地产公司拥有职员 25 名，虽已是日薄西山，却仍然在坚持着冒险的旅途。

西高特于 1911 年至 1912 年被法国邮船公司派驻上海担任办事员；1923 年又一次被法国邮船公司以代理人身份派驻上海；1927 年，他在离开法国邮船公司后成为法租界公董局的董事，并担任建

建业地产公司的董事长西高特（Etienne Sigaut）住宅

西高特住宅的北入口，门上的图案和墙上帆船造型的彩色玻璃

业地产公司的董事长及总经理。有趣的是，西高特不仅是一位有法学和商业教育背景的成功商人，还是一位著名的摄影师和画家。在上海期间，他拍摄了这个巨大的港口城市大量的沙船照片并用绘画记录了众多的码头面貌，为上海留下了黄浦江和苏州河的沙

船、法国码头的邮船等大量珍贵历史记录。他的照片和绘画现被收藏于巴黎国家海事博物馆。

从高安路进入西高特住宅首先要经过一个砖墙装饰的拱形门，拱形门可以进出一辆小汽车，砖饰层层内收，西班牙式的半红筒瓦覆盖着拱形门的上缘，它总让人想要进去一探究竟。走进拱形门，别墅北立面小巧的入口处出现一对中国石狮子，这个有中国建筑意象的入口采用了赉安惯用的尖顶雨棚加砖饰的设计手法。走进北入口，穿过布置得古色古香的大客厅，就会看见西北角单跑楼梯和天花板的大方格造型。站在大花园里，看外廊式拱券连贯的柱廊，以及柱廊引出的二楼大露台，镂空的露台护栏和立柱的样式使人联想到地中海风格；檐下的木结构和齿状饰带以及高低错落的屋顶，又令人想起西班牙和法国建筑的特征；建筑南部的大花园却是中国式的假山和园林。这座多元风格的别墅独具特色。

1932年，赉安设计于1924年并参加了1925年巴黎世博会展示的装饰派艺术组合建筑方西马公寓D、E楼（今建安公寓）正式亮相了。方西马公寓D、E楼位于高恩路与福履理路交叉口的西南部，现在的建国西路641号、643号、645号，高安路78弄。它由两排建筑组成。公寓D楼位于北面，中部为五层，两侧为四层；公寓E楼位于南面，中部为四层，两侧为三层。D楼和E楼之间由连廊相连。

方西马公寓D、E楼各有三个单元，底层均为车库和司机的宿舍，二楼以上布局为四室户和三室户，阳台、卫生间、储藏室和壁橱合理分布。D楼的南立面和E楼的北立面对着花园，二楼以上设水平悬挑阳台、弧形转角、铸铁栏杆和大面积玻璃钢窗。总体来讲，方西马公寓属于大气的现代主义公寓建筑，有和谐共处的亲切

方西马公寓 D 楼的北立面沿街而立,其装饰派艺术的现代风格和高质量令人赞叹

方西马公寓 D 楼的南立面和南楼的中间是一个花园,一座立柱撑起的长廊连接着北楼和南楼

方西马公寓 E 楼凸出的楼梯间以竖线构图

方建公寓北楼铺设的马赛克瓷砖

之感,无论公寓的公共空间和私密的功能性布局都有令人耳目一新之感,至今都可以称得上"摩登"。

从当年著名的"赉安屋顶"别墅群到方西马公寓和首长公寓,高恩路和副履历路的交叉口立满了赉安洋行的建筑作品。赉安从西式别墅的装饰情调过渡到现代建筑摒弃不必要的装饰过程,展示了近代上海建筑的历史流变。作为城市的一个普通街角,它的多姿多彩和丰富细节,以及不同凡响的建筑风格,都体现了时代的发展和设计师的匠心,更体现了赉安洋行不畏艰辛、勇立时代潮头的创新精神,以及一个建筑师对建筑理想的不懈追求。

麦尼尼路上的爱棠花园

在上海的法租界有一条全长不足一公里的麦尼尼路(今康平路),由公董局修筑于1922年,路名以战死在第一次世界大战中的

建业地产公司投资的麦尼尼路上的公寓由赉安洋行设计（照片摄自1937年7月14日《上海法文日报》，具体位置不详）

战士麦尼尼为名。1923年，赉安在爱棠路（今余庆路）至姚主教路（今天平路）之间的麦尼尼路上，为叙利亚商人阿扎迪安设计建造了六座有"赉安屋顶"的别墅。这是"赉安屋顶"最早出现的地方，正是麦尼尼别墅的成功使赉安设计的屋顶被人们牢牢记住。麦尼尼路似乎是他的幸运符，他甚至将自己的第二个爱巢安放在麦尼尼路和高恩路的转角上，那就是他人生中的最后一个作品——阿麦伦公寓。

在麦尼尼路的中段，以法国第二任总领事爱棠命名的爱棠路（今余庆路）静悄悄地掩映在梧桐树下，它一头连接着霞飞路，另一头连接着贝当路（今衡山路）。在爱棠路和麦尼尼路交叉口的东北区域，1927年，赉安洋行在附近的戴劳耐路（今德昌路）60号为法商上海电车电灯公司设计了一座法式古典大别墅；1934年，他又为法商上海电车电灯公司设计了一座漂亮的三层现代主义风格大别墅，位于戴劳耐路23号；同年，赉安和科鲁兹又在爱棠路设计了三座样式相同的五层公寓，这是为法商上海电车电灯公司设计和建造的办公楼，地址为爱棠路32、34、36号。

这些公寓和别墅群建筑，其实就是以爱棠花园内的中心花园为中心的矩形地块。它东临贝当公园（今衡山公园）西侧的戴劳耐

法商上海电车电灯公司经理住宅,戴劳耐路(今德昌路)23号,1930年(照片摄自1937年7月14日法文版《上海日报》)

戴劳耐路(今德昌路)60号,1927年(照片摄自1937年7月14日法文版《上海日报》)

路,西临爱棠路,北临麦尼尼路,南临台斯德朗路(今广元路)。这个在1949年后逐步成为上海高层领导办公之地和居住地,囊括了赉安设计的多种风格的建筑样式如今全部被纳入了康平路165号大院内。

戴劳耐路23号的住宅完全是一座颇为新颖的现代别墅,底层有圆柱架空的门廊,二层是宽大的弧形露台,三层则是直角大阳台,没有任何装饰,结构顺畅,平直有序,十足为当年的现代主义风格别墅,现在来看依然是无可挑剔的别墅建筑。在它北面的戴劳耐路60号,业主为法商上海电车电灯公司的三层大别墅却是另一番景象,它是西式复古样式却没有西式复古的空间格局,大空间、大尺度、大阳台是现代的空间格局,入口的大弧形凸出的立面由下而上至二层,底层入口处是三个连续的拱券门,对称的弧形,延伸的二层则为弧形的三个大窗,再延伸至三层则成为一个大露台以及后退的大斜坡屋顶,屋顶上多个大烟囱布局和样式别具一格,实在是一座无法定义具体风格标签的多元风格的建筑。一步之遥的爱棠花园则是朴实无华的三层双联别墅,它们一共四幢,样式相同,充满了精致与简洁的气氛,几十年来,这里居住过的要员一拨又一拨。在这四幢双联小别墅的北面,毗邻麦尼尼路的一片花园内,三幢现代主义风格的五层白色大公寓昂然矗立,正式而不失轻松的现代主义风格格调,所有转角均透露着赉安洋行的重要特征:抹圆,这里曾经是法商上海电车电灯公司的办公楼。

法商上海电车电灯公司成立于1906年,这是上海法租界三大巨头之一的法商企业,由巴黎联合银行、巴黎荷兰银行、东方汇理银行及多家著名洋行担任股东。若干年后这里又增加了法租界的自来水业务,成为拥有法租界内供电供水及运营交通的专营权的特许公司。

如日中天的赉安洋行在1934年已经收获满满,无论是应接不暇的顾客还是洋行合伙人的个人财富都达到了前所未有的局面。

爱棠花园内的赉安建筑反映了赉安洋行在不同时期的建筑风格和追求,而其中的爱棠公寓则是真正的现代主义建筑,是赉安洋行现代建筑形式的体现。

赉安洋行在法租界的发展过程中得以实现众多的设计项目,并能以自身的优势和才华努力参与法租界一系列的城市规划和规

爱棠公寓一角,1934年(照片来自网络)

章制度的执行,可以说,很大程度上缘于法租界的城市面貌和生活品质的高标准与赉安洋行的精神品位相契合。法国人为之努力的"东方巴黎"在20世纪30年代初期已经进入辉煌时期。

第五章　走向现代主义的辉煌

现代公共建筑高潮迭起

　　1927年，当维塞尔从法国回到上海的时候，他带着新婚的妻子爱丽丝·里约夫(Elise Rieuf)。这是一位颇具艺术气质的年轻女画家。初到上海的里约夫很快成为赉安洋行的核心成员，她在赉安洋行曾经设计过不少建筑内部精美的装饰图案。她在上海居住到1930年年末，返回巴黎前与维塞尔离婚。在上海的岁月，她利用业余时间创作了不少油画作品。如今我们所知晓的她的作品中有杜月笙和他女儿的肖像，以及当年上海人的生活肖像。1931年初，里约夫开始了在巴黎的莫里哀中学担任美术老师的生涯。

　　1929年10月24日，美国股市崩盘，经济危机席卷了整个资本主义世界。上海的股票也在狂跌，社会经济出现严重问题，首当其冲的就是万国储蓄会，这个集银行、地产、保险、娱乐和各种贸易洋行的商业大厦即将轰然倒塌。

　　当时，万国储蓄会的几个董事长都是大名鼎鼎的外籍冒险家，范诺还经营着自己的保太保险公司(l'Assurance Franco-asiatiques)以及与菲利克斯·步维贤(Felix Bouvier)共同经营的一家以储蓄和投资为主的法商汇源银行(l'union Mobiliere)。汇源银行更是于

已消失的汽车修理公司（Garage SERVAUTO，原亚尔培路336号），其遗址现为环贸商城

1928年11月在无数人的关注下成功投资了逸园赛狗场，斯皮尔曼和上海青帮的两个头目杜月笙与黄金荣都成为了这个赌注性质的娱乐运动场所的大股东。1930年2月7日，又一个赌场性质的中央运动场开幕了，人们称它为"回力球场"。

危机来临后，人际关系一向了得的斯皮尔曼决定化解危机。作为万国储蓄会的董事长以及赛狗场、回力球场的大股东，他到处游说以获得各方的支持。为了使万国储蓄会的大厦不至于倒塌，这位法国籍的荷兰犹太理财家使出浑身解数挽救万国储蓄会。最后，汇丰银行和花旗银行伸手帮助了万国储蓄会。这是万国储蓄会第一次经历经济危机，虽然转危为安，但是，危机留下的创伤一直潜伏着。而建业地产公司此时仍然处于地产开发的上升时期，赉安洋行紧随其后不断创新摩登的建筑设计。

正当回力球场还在建造施工期间，赉安洋行在它的对面设计了一座商铺建筑：汽车修理公司（Garage Servauto，今陕西南路336号）。

1931年，赉安收到勒·柯布西耶寄来的多张萨伏伊别墅的照片，他一看就知道，萨伏伊别墅的建筑语言完全诠释了勒·柯布西耶关于现代主义建筑的五个要素。这让赉安很是激动，他终于看见自己的好朋友在现代主义风格建筑设计上又一次迈出了重要的一步。在赉安看来,柯布西耶的梦想何止是将大柱子挪到室外,让室内没有柱梁的空间那么简单,那是工业化预制件的完美配合才能达到的建筑水平,而预制件的诞生无不凝聚着极大的艰辛和工业革命的成果。

赉安期待有机会设计有自己独特艺术观点的现代主义风格建筑。可是,在上海,业主和开发商都喜欢有丰富表情的建筑,他们喜欢用感性的城市化装饰以炫耀自己的财富和西式生活方式。更何况,现代主义风格建筑需要产业构造的改变和工业化技术水平的提高,这些现代主义的建筑要素,上海还没有准备好。但是,在上海建筑业高速发展的时期,任何事情都可能发生,摩天大楼的设计在1931年已经在上海的建筑圈内形成酝酿的态势。

1931年前后,多个项目的施工并没有将赉安累垮。他知道按轻重缓急分配工作,身边更是有维塞尔这样的得力干将,还有几位设备工程师和绘图员,以及现场施工的监督管理人员的配合。我们从一张摄于1930年的照片中可以看见赉安洋行的三个股东和一众高级职员,其中唯一的女性便是里约夫。那时候,科鲁兹游学至上海,期间还设计了密丹公寓,而里约夫则在1930年底结束了与维塞尔的夫妻关系并即将离开上海到巴黎去。对于赉安或是对于赉安洋行来说,这是一张极其重要的照片,不仅因为洋行里的核心人员齐全,而且因为那几年洋行的生意红火并充满了期望。所以,在几年之后的1934年7月14日,为了庆贺法国国庆日和赉安洋行的功成名就,赉安将这张照片刊登在法文《上海日报》上。

1931年,在前妻爱丽丝·里约夫离开上海后,维塞尔随后也回到法国去寻找新的爱情。这段时期,赉安请来了挪威籍的专业建筑师贝恩特(Berndt),但是,这位新的伙伴实在不适应上海的生

这张摄于1930年的照片被刊登在1934年7月14日的法文《上海日报》上,赉安洋行庆贺法国国庆

活,几个月后,他选择移民美国。

　　对于赉安来说,1931年是一个特殊的年份,这一年,无论是公董局委托设计的公共建筑还是需要公董局规划部门审批的项目;无论是万国储蓄会还是建业地产公司委托的地产开发项目,他与公董局、开发商、业主之间的沟通与梳理都做得有声有色,且顺风顺水,唯一遗憾的是维塞尔的暂时离开使他变得异常忙碌和更加操心。

　　这些年来,从建筑的设计风格来讲,赉安和维塞尔基本满足了自己追求的艺术手法和风格,尤其在装饰派艺术风格和现代主义风格的运用方面,赉安觉得十分过瘾,虽然常常因业主对西式复古的偏爱需要花很多精力解释和施展软磨工夫。随着工业技术水平的提高和工业化预制件的增多,以及高层电梯被逐步使用,现代高楼的建造已经开始有了向摩天大楼冲刺的趋势。1931年前后,上海还只是流行公寓,充其量只是在公寓的现代外表上设计工业化的几何构图和图案;当时的高楼也就十层高,而纽约的摩天大楼已经霸占了建筑杂志和画刊的封面。此时的上海,各路建筑设计师都在全力看齐纽约的摩登风格和令人仰望的摩天大楼,而德国的设计师们已经开始了前往纽约的准备。

赉安一直盼望设计一座现代主义风格的建筑，毕竟，他和柯布西耶长期的交流和探讨就是为了风格的彻底转变。机会很快就来了，法租界公董局点名由赉安洋行来设计一座服务于俄罗斯人的学校——雷米小学，根据公董局的规划要求，这所学校必须低成本建设。赉安毫不犹豫地选择了现代主义建筑的设计风格。这时候恰逢维塞尔回到法国寻找新的爱情，而科鲁兹正好在中国游学。于是，科鲁兹参与了雷米小学的设计。赉安和科鲁兹终日在一起苦苦思索新建筑的空间格局和现代语言在建筑上的运用，同时，他们还必须反复计算材料成本和施工成本。在进行设计的一个多月时间里，两个人都表现出对艺术追求的执着和默契。集现代设计风格与低成本要求的雷米小学很快就完成设计并获得公董局的一致认可，赉安和科鲁兹的现代主义建筑即将诞生。

修筑于1884年的雷米路（今永康路）取名于法国钟表商人雷米（Remi），因为他是1849年清政府同意在上海开辟法租界后第一个在上海开设洋行的人。1933年夏季，雷米路的西侧尽头，一所外国小学竣工了。赉安在这座俄罗斯人就读的学校里完全地运用了现代主义风格建筑的语言和构造。一座宽广的三层楼的学校几乎没有装饰，规整的排窗和简约的入口都与以往的学校完全不同，在现代主义风格建筑还没有真正流行起来的上海，赉安洋行建成了一座现代主义的公共建筑。虽然，它还没有完全摆脱建筑形体的对称，在入口还有装饰派艺术的影子，但是，整个建筑的现代主义风格已经不容置疑了。

雷米小学的外立面表情十分简约，立面以一排排的大窗显示着教室内的空间格局，横线条的窗与竖线条的柱子间隔出教室的空间，中间的两个对称的入口非常简约，小小的半圆雨篷呼应着入

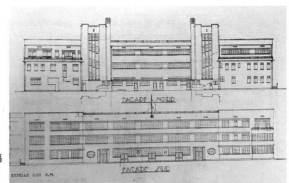

雷米小学北立面设计稿（上）和南立面设计稿（下）

雷米小学超长的南立面和简朴的外观，第四层为后来的加层

口两侧贴墙的有凹槽的半圆柱，带着拙朴的气息，令人想起这是孩子们进出的地方。在南立面的东侧转角，一个两层的凸出的半圆塔给整个建筑增添了圆润的表情。从远处看，它的整体效果完全是现代主义风格，几乎没有任何装饰，没有浮雕，排窗的雨篷凸出，转角有抹圆，其室内更是简约的教室和普通的走廊组成的明亮空间。走廊的尽头铁制的螺旋状逃生楼梯被设计在角落里，给明净的空间以小小的变化。阳光从教室的窗外和走廊的排窗射进室内，光线的变化使整个学校的教室生动起来。

雷米小学的入口,贴墙的半圆立柱(摄影:陆锦江)

雷米小学教室的走道(摄影:陆锦江)

1933年,由安记营造厂承建的雷米小学竣工后,法国驻沪领事馆和公董局的官员们都被这座现代主义风格建筑的大气之美所折服,他们没有想到赉安洋行在极少的资金运作下仍然能够打出一副好牌来。他们在室内参观,看见既简单又漂亮的马赛克走廊和钢结构的旋转逃生梯,看见教室里明亮的光线,不禁连声赞叹。

雷米小学的北立面局部
（摄影：陆锦江）

要知道，这座当时的国际式公共建筑的设计时间是在 1931 年，而在 1932 年美国纽约现代艺术博物馆的一个展览上才有了"国际主义风格"的命名。

经典之作盖司康公寓

1933 年 11 月，赉安收到了维塞尔从巴黎的来信。信中维塞尔说已经找到了新的爱情并于 10 月 28 日已经在巴黎完婚，新的妻子是端庄美丽的巴黎女子苏珊娜（Suzanne）。赉安给维塞尔的回信中不但祝福维塞尔新婚幸福，也没忘记催促维塞尔带着苏珊娜赶紧回上海。

1933 年年末，阿瑟·科鲁兹又一次来到了上海，他住在密丹公寓的顶层。科鲁兹在上海的法租界漫步了几天，他亲眼所见赉安洋行大部分建筑作品的成就，相比三年前自己所看见的一切，他感慨于上海法租界的繁荣和存在的发展机会。更为重要的是，他前几年在上海与赉安共同合作的雷米小学的成功，不仅加深了他们的友谊,还提升了赉安洋行的知名度,这些让他对上海念念不忘,他萌生了与老朋友赉安和维塞尔合作的念头。赉安和维塞尔自然是欣喜地答应了。于是,三个已经不再年轻的朋友又一次聚在一起商讨未来的计划。次年1月,因阿瑟·科鲁兹的正式加盟,赉安洋行的英文名字改为"A. Leonard & P. Veyssyyre & A. Kruze Architects",简称"LVK",中文名依旧是"赖安工程师行",我们在书中还是按习惯称之为"赉安洋行"。

原来的勒德勒梅玉田工程师行最终没能继续经营。1933年,梅玉田成立了中法营造公司(Minutti & Co.)。中法营造公司成立后,他们设计了贝当路(今衡山路)上的毕卡迪公寓和位于法租界外滩的法国邮船公司大楼,之后,他们还为法租界设计和建造了不少市政工程设施。自1923年8月离开梅玉田,赉安和维塞尔经过十年的奋斗已经成功地立足于上海的建筑设计师领域,他们成为上海近代建筑风尚的引领者和先驱者。

赉安洋行因科鲁兹的到来获得了设计和施工技术上极大的支持。科鲁兹这位有经验的结构工程师毕业于巴黎美术学院,是晚于赉安毕业的校友,虽比赉安小了整十岁,但是,血气方刚的科鲁兹已经是能够让赉安放心的设计师了。在以后的岁月里,科鲁兹既是在越南河内美术学院担任校长的画家,也是出色的建筑结构工程师。他尤其擅长建筑立面的釉面砖的铺设,那些黏合材料在他的研究之下成为独门绝活,几十年都见不到一块釉面砖在外立面上损坏掉落。

赉安和科鲁兹通力合作不分彼此,这段时期成为赉安最为有力和最有成就感的时期,他们共同在赉安洋行描绘城市的现代主义建筑的美好未来。如果说,1929年赉安与科鲁兹在大叻的合作是他们友谊的开始,那么,1930年至1931年在上海建设雷米小学的合作便是他们友谊的递增。雄心勃勃要在上海建更多现代主义风格建筑的赉安,遇见同样有着现代主义风格理想的科鲁兹是一种缘分,因为,处于经济危机状态下的上海非常适合建造低成本简约快速的现代主义风格建筑。大业初始,赉安洋行要跨上奔驰的骏马,因为,他们有了飞跃的欲望。

自培恩公寓落成后,人们常常将霞飞路上这座九层大型建筑视为霞飞路上最壮观的建筑,甚至有人认为需要在霞飞路上再建一座高于12层沙逊大厦(现和平饭店)的建筑。在赉安看来,建筑本身就是一个艺术的展览品,首先,建造的投资款无疑是决定设计的前提;其次,建筑的豪华与否取决于投资商和设计师对建筑审美的要求和工业化、产量化的技术要求,甚至牵涉设计师个人的喜好和艺术修养。他始终认为对建筑的审美根本没有可比性,每个建筑师都可以拥有自己的特点或形成流派,况且,主张现代主义建筑的建筑师本身都存在着太多的矛盾,因为工业化革命随时都可能改变设计师的观念。

赉安想给上海留下一座现代主义的高层建筑,但是,他觉得12层的建筑已是当前环境下受建筑材料和技术制约所能达到的极限高度,而在同一时期的美国,摩天大楼的高度已经超过了自己故乡的埃菲尔铁塔了。在美国,1930年的克莱斯勒大厦已经达到319米的高度,帝国大厦更是在一年内以381米的高度独霸一方。

建筑杂志和美国电影将美国的摩天大楼展示在人们的面前,上海需要一座摩天大楼!万国储蓄会的老板们常常在长桌前讨论如何开拓高层建筑的方案,在他们的心里,沙逊大厦在上海鹤立鸡群,简直成为了上海的新地标。从租界的繁荣程度看,外滩的昂扬气势和南京路几家大型百货的人流如织,都体现了英美公共租界在商业运作和城市规划上的大踏步。而在法租界,只有霞飞路中段的培恩公寓和西区的登云公寓还算是高楼。他们最终还是决定以利益为重，建造更多的公寓和成片的住宅区，以迎合法租界不断增长的人口趋势。

赉安非常清楚那些老板、买办、富商为了逐利和炫耀，都急于在上海建造超越沙逊大厦的建筑，但是，谈何容易，他们在高层建筑施工方面还不具备超过 12 层的施工能力。克莱斯勒大厦和帝国大厦的诞生是美国的独门绝活，高速电梯、钢骨以及防火设施是建造摩天大楼的武器，哪怕欧洲国家也只能望其项背。

1932 年，万国储蓄会决定由赉安洋行来设计位于霞飞路上的一组公寓大楼：盖司康公寓（Gascogne Apts）。盖思康公寓又称万国储蓄会大楼，现被称为淮海公寓。1934 年，盖斯康公寓竣工，它完全奠定了以赉安为首的赉安洋行在中法两国的建筑师事务所的地位。我们可以在当年的多种建筑杂志上看到有关对赉安洋行设计作品的赞美之词，这些既权威又强调品质的建筑杂志将赉安与国际现代建筑大师的作品放在一起议论。

盖司康公寓的主楼是一座高 13 层（高度 53 米）的庞大建筑，它在高五层的副楼之后。副楼和主楼之间还拥有一块空地做环形的汽车通道和花园。主楼后面还有车库和辅楼，这是真正意义上的配套完整的公寓建筑。

盖思康公寓的副楼沿街对称布局，内凹的阳台和圆形窗的排列很有秩序感和流畅感，米黄色的贴面与白色阳台的护栏板既和谐又统一。南立面的东首以圆形大跨度阳台旋转连接东立面，转角的弧度舒畅，一气呵成，凸显设计的大胆和强有力的现代主义建筑特征。副楼入口的两侧有着浑厚抹圆的墙壁围合的两侧店铺，店铺一流的地段十分引人注目。

盖司康公寓的主楼在宽敞的弄堂内，环形的车道围着喷水池

盖司康公寓的主楼高13层,其外墙贴面使用米黄色的釉面砖,与阳台护栏板的白色和中轴三条垂直线和谐地呼应

盖司康公寓的副楼沿街而立,其现代感至今不衰

盖司康公寓由副楼、主楼和辅楼组成,如今依然是质量上乘的建筑

形成一个庭院式花园,主楼高13层,南立面挺拔高耸,阳台和窗框宽敞且全部内凹,唯一凸出的是中轴线处由顶部垂直而下的三条饰带。这三条简洁明快的饰带由顶端垂直而下,形成直达入口的厚重雨篷。南立面的左右两侧的转角完全对称且以光滑的圆弧收分,而中轴线的顶部退台,两侧逐渐跌落至第11层形成各层尺度不等的平台。整个南立面和东西立面全部是米黄色的贴面和白色阳台、白色分割线组成的稳重威严的形体。主楼的贴面平直有度,光滑流畅,尤其是大弧度的转角的贴面几乎完美无缺,这是科鲁兹又一次完美的贴面技术的展示。

盖司康公寓主楼的北立面呈完全对称的白色流线型长廊,中部圆弧形,曲线优美,似凝固的音符婉转悠扬,又似水波缓缓流淌。

盖司康公寓的北立面一侧

盖司康公寓的辅楼

整个北立面呈"凹"字形,内凹部分以两侧圆形楼梯间收尾并与白色的流线型长廊形成完美的现代主义风格的立面,体现了设计师高超的艺术造诣和大胆的设计思路。盖斯康公寓的营造商是梅玉田为首的中法营造公司。

从装饰派艺术风格的设计开始,赉安的圆弧形抹圆的设计特征和技术已经成为其建筑设计的符号。当盖司康公寓屹立在霞飞

盖司康公寓主楼入口的大厅设计非常独特,大厅中央位置是方形的管井柱形成的玄关(左),其背后则是两座电梯

盖司康公寓主楼的南立面,一条分割阳台的垂直线条直上屋面

路上的时候,人们开始赞赏其对圆弧阳台的充分利用不仅是外观的浑圆美丽和现代感,而是最大限度地利用巧妙的构造使建筑空间被充分利用。

  盖司康公寓主楼入口的大厅设计非常独特,大厅中央位置是方形的管井柱形成的玄关,使视野自然转向玄关的两侧的大堂,而将管井作为整个建筑的中轴心是不多见的设计方法,可见赉安和科鲁兹的设计功力及大胆的思维模式。主楼有大小不一的多种房型,从一室户到五室户,大户型有三百多平方米,小户型则是几十

盖司康公寓主楼的楼梯

平方米。这些房型都被快速预订一空,其中大部分被几个国家的领事馆官员所预定,顶层则是赉安和维塞尔买下的套房,它们拥有视野极佳的空中大平台。盖司康公寓的楼梯除了一楼和顶楼有扶手,其他则全部没有扶手。赉安与科鲁兹将楼梯两侧用色泽明亮的黄色与黑色马赛克镶拼,它们呈梯级的曲线图案,这种设计既实现了楼梯面积的最大化,也解决了美观问题,因为北侧的楼梯间利用率不高,主要用以安全逃生和建筑后部辅助人员工作通道。

在繁华的霞飞路西段,盖司康公寓和格莱勋公寓(Gresham Apartmrnts)一字排开沿街而立。不远处,赉安当年的早期作品,格罗希路上的四联体别墅和格罗希别墅依然引人注目。这片象征都市繁华和高品质的住宅区域无时无刻不提醒着人们,赉安洋行的设计从西式复古到现代主义的快速成长之路,也反映了那个繁荣的时代建筑业的无比辉煌。

在这片由赉安洋行打造的区域的不远处,由沙逊集团建造的华懋公寓和峻岭公寓也是上乘之作,相比之下,盖思康公寓毫

盖司康公寓副楼的转角大弧度阳台

盖司康公寓副楼阳台与客厅的圆形窗

照片左侧的格莱勋公寓(Gresham Apartmrnts)和右侧的盖司康公寓一字排开沿街而立

不逊色。华懋公寓和峻岭公寓大部分以外侨为居住对象,暴发户式的奢华和豪气始终是这两个相邻公寓给人的印象。它们的对面,一步之遥的法国球场总会仍然豪迈地矗立着,无论从这两座公寓的哪个窗口往外看,法国球场总会的气势都无法阻挡并成为这两座公寓的极佳卖点和视觉景观。赉安自成一派的建筑风格和他个人的设计特征已被国际建筑界所关注并获得一片赞美声。

为杜月笙和黄金荣设计作品

1932年,步维贤(Felix Bouvier)引荐赉安去见上海滩大名鼎鼎的青帮帮主杜月笙。行前,步维贤告知赉安,杜先生将要在爱多亚路(今延安东路)143号建一座豪气的中汇大厦用于替代爱多亚路97号的中汇银行旧楼。

在杜月笙、黄金荣和金廷荪策划事件和贩卖鸦片的三鑫公司(今新乐路82号),赉安见到了文质彬彬、穿着黑色丝绸长衫的杜月笙和胖胖的老年黄金荣。他对这两位大亨不可谓不熟悉。在上海,谁会不认识他们两位呢?

1927年,工人请愿和国民革命运动的频发给法租界当局增加了困难,因此就有了法租界当局请求青帮出面调停混乱局面和维持秩序的合作。杜月笙与法租界当局的亲密关系由此开始。杜月笙利用贿赂手段控制法租界的巡捕房和公董局的公务员,利用自己国民党中央委员的身份参与各种事件的斡旋和幕后指挥屠杀计划。他的权势几乎到了令法租界新任的领事相形见绌的地步。直到1932年,由于法国远东舰队指挥官埃尔(Herr)对法租界事务的干涉才逐步改善或减轻了杜月笙在法租界的影响。

赉安有每天看报纸的习惯,茶余饭后也会和同事们讨论一些新闻事件。有关杜月笙的传闻和报纸上的新闻,他推算出杜月笙这个人的笑里藏刀和会做人的本事。比如,1925年,杜月笙花钱支持法租界电车工人罢工事件,转而又在1927年大力协助法租界当局镇压工人运动。另外,他知道杜月笙与步维贤的亲密关系,是因为步维贤亲口告诉自己的一件事情:1930年的某一天,步维贤从

中汇大厦（照片摄自1937年7月14日法文版《上海日报》）

法租界警察局局长费沃礼（Fiori）处得知，杜先生的副官将暗杀杜先生。步维贤将这个重要情报暗地里通知了杜先生。过了几日，那个副官被暗杀。尽管这时候他们都已经是逸园赛狗场的股东，但是这件事情使他们成为了真正的好朋友。杜月笙甚至称步维贤为"青帮好兄弟"。另外，让贲安记忆犹新的是1931年6月9日那场声势浩大的杜家祠堂的落成典礼。那时候，杜先生的名望如日中天。他所做的各种善举为自己黑社会头目的形象形成了非常积极的影响，他甚至被认为是帮助穷人、保护孤儿和弱者的英雄。

那天，杜先生将设计师黄日鲲为自己未来的银行设计的新大

中汇大厦的大堂依旧保留着当年的结构和空间

楼方案拿给赉安看。赉安一看,建筑的高度有八层,并拥有显著的中国建筑的特征和局部的西式风格的体现。他仔细看了一下,感觉到杜月笙一定希望由中国人做大楼的设计,请自己来这里只是为了听听一个法国设计师的意见。

参与设计建造银行大楼,这是赉安曾经想过很多次的事情。一座公共建筑的诞生本身就意味着被关注,更何况,这幢大楼将被建立在银行林立的外滩地区,它的对面就是荣德生的华商纱布交易所。这种显赫的地理位置和杜先生的财力物力是匹配的。

冥冥之中得到一个大项目的机会,赉安怎么都无法想象会与杜先生这样的黑社会老大建立买卖关系。有时候,赉安会这样预测:大楼一旦开建,人们就会说,这是一个法国人为一个恶贯满盈的中国黑社会老大建造的大楼,这个法国人估计也不是个好东西。倘若大楼竣工后,各种报纸杂志一定会吹嘘大楼的豪气和杜先生的财力,那么,自己终将是一个躲不过各种追问的建筑设计师。

赉安只是偶尔这样想想而已,对于生意的机会,他从不考虑放

装饰派艺术风格的中汇大厦经过多次改建,其外立面已经与当初的材质完全不一样了

弃,更何况,最初的设计稿来自华人黄日鲲。一个月后,他将黄日鲲的设计做了必要的修改,设计方案一出来,便赶紧给杜先生送去。

赉安知道杜月笙一定会喜欢自己的设计稿,因为在这张设计稿上,他将黄日鲲设计的建筑加了一个高耸的塔楼。尖尖的塔楼在北角将建筑由八层逐步退台升至15层高,一改平实单调的长方形建筑为一座装饰艺术派风格的高楼建筑,光是这个高耸的塔尖就有不凡之气。另外,赉安还将原来的八层建筑增加了一层,并将九层的屋顶设计成一个可以俯视四周的巨大平台。如果从平台走下楼,宽敞的楼道和方形的楼梯井气势磅礴。它一旦在外滩地区亮相,在这片豪华的西式建筑林立的金融中心,无论高度还是建筑风格都将使人眼前一亮。

果然,杜先生很满意赉安的设计稿,于是,赉安洋行开始进入正式设计的状态。一年后,这座装饰派艺术风格的大楼已经施工成型。1933年10月,犹太人建筑师鲁道夫·肖勉(Rudolf. O. Shoemyen,1892—1982)进入了赉安洋行,他为中汇大厦设计图案和内饰。

肖勉出生于奥匈帝国的首都维也纳,六岁时随父母迁往布达佩斯。1914年在布达佩斯技术大学完成了建筑工程的学业。随后,第一次世界大战爆发,肖勉应征入伍,加入了奥匈帝国的步兵队伍。肖勉1917年被捕并被羁押在俄国。大约1919年,肖勉抵达中国哈尔滨并开始了其建筑师的生涯。1933年,这个在鸿达洋行(C. H. Gonda)勤勉工作了十年之久的肖勉成为赉安洋行的核心设计人员,他的图案和装饰画水平很高。遗憾的是,1934年10月,他离开了赉安洋行前往匈牙利。

中汇大厦由久记营造厂承建,1934年8月竣工。人们进入银行办事的时候,往往会想到杜月笙的财力,以及黄金荣、杜月笙与麦兰捕房的关系。

麦兰捕房(今金陵东路174号)是赉安洋行1932年拿到的订单。麦兰捕房的前身为法租界总巡捕房,俗称大自鸣钟捕房,它设立在1864年竣工的法租界公董局大楼内。这座新古典主义的公董局大楼即将被新建的装饰派艺术风格的麦兰捕房所取代,而公董局则已经迁往霞飞路办公。1934年年末,当麦兰捕房竣工后,其东侧的中汇大厦已经竣工并开始营业了。

麦兰捕房，今金陵东路174号（照片摄自1937年7月14日法文版《上海日报》）

外滩1925年竣工的汇丰银行出现的吊灯是上海第一个装饰派艺术风格的作品，其时，赉安洋行在1925年的巴黎博览会上已经展示了方西马公寓和培恩公寓的建筑模型了。当1929年的沙逊大厦大放异彩的时候，赉安洋行已经在1928年竣工了一座现代主义风格与装饰派艺术风格混合的白赛仲公寓了。装饰派艺术风格在上海流行时正是上海建筑业的黄金时期，它们在城市里熠熠生辉，构成上海的重要风貌并给城市留下岁月里无尽的历史。

1933年，步维贤又一次为赉安洋行推荐了一个建筑设计项目，那就是为大名鼎鼎的青帮头目杜月笙的"老师"黄金荣设计一座学校建筑。黄金荣要装门面，要给自己脸上贴上慈善的标签，他要在喇格纳路（Rue Lagrene，今崇德路）上建一座小学，名为喇格纳小学（Ecole Primaire Chinoise Lagrene，今崇德路43号）。而私底下，黄金荣一直称呼即将设计的建筑为"金荣中国小学"。

黄金荣早在1900年就已经在上海法租界巡捕房当巡捕了，这个勾结法租界权势的人后来发展了自己的帮会势力,成为上海青帮最大的头目,门徒多达1000余人,操纵贩卖鸦片、赌博等勾当。1927年,他和徒弟杜月笙参与了对共产党人的大屠杀,并辞去了法租界巡捕房督察长的职务。1928年,黄金荣被蒋介石任命为国民政府少将参议、行政院参议。

那日,赉安洋行的三个合伙人去三鑫公司拜见了黄金荣。赉安虽不是第一次见到黄金荣,但是,会客室里压抑而透不过气来的气氛加上语言上的不通,令他们浑身不适。相比与杜月笙的几次见面,赉安对这位肥头大耳的老头没有一点好感。黄金荣拿腔拿调的样子和他身旁威严的喽啰站着的姿态令人反感。与这位青帮头目见面只是寥寥数语,像是见个面打个招呼就结束了。

回到培恩公寓的办公室后,三个人面面相觑,连活泼的维塞尔都不吭声了。黄金荣端着大亨的架子令三个人心里极其不舒服,不过,三个人还是觉得不能放弃订单的机会。于是,三个人去往喇格纳路现场查勘地形。

几个月后,黄金荣亲自看了赉安洋行的"金荣中国小学"的设计稿,然后点头确认了设计方案。因为这是黄金荣出资为法租界公董局建造的学校建筑,赉安和维塞尔又去公董局呈报"金荣中国小学"的设计方案。在之后的施工项目中,黄金荣根本就不再关心新建学校之事,这倒是让赉安洋行的人不再觉得这是黄金荣的学校了。

这所在当时较为庞大的教学楼甚是现代风格,平面呈"T"形,底层有圆形立柱架空的宽敞走廊,两个立面相交之处为弧度连接。每层的走廊设在南立面和东立面的外墙,长长的走廊连接着两座合并的楼并成为建筑的视觉焦点。走廊后的开窗全部横排着,点名了其作为教室的功能。两座楼的连接处则是学生们上下的楼

喇格纳小学平面呈"T"形,底层架空是赉安洋行作品中的唯一一次如此设计
(照片由安德莱提供)

喇格纳小学的西立面,顶层是后来加建的

西北向眺望喇格纳小学（摄影：刘芳，2019 年夏）

2020 年 10 月 15 日，喇格纳小学被往西北方向平移了 21 米，成为两面临街的建筑

梯。整个建筑流畅舒坦,现代感强烈,两侧转角的楼梯间抹圆设计,每层开有圆窗,显示了建筑的现代语言。赉安将另一个入口设置在东面,由阶梯形成的台阶甚是宽广,台阶上便是东入口,学生可以在这里自由进出教室。这是赉安以底层架空为设计特征的现代主义风格的建筑作品。

1935年,喇格纳小学竣工后,公董局在法租界范围内招收了第一批中国小学生,但是,大部分人都称它为"黄金荣小学"。1941年12月,日本人侵入法租界后,喇格纳小学一度将校舍改作"安南兵营"。

雷米小学和喇格纳小学是赉安公共建筑设计的优秀作品,如今,它们被完好地保留着并成为上海历史风貌区的重要建筑。对于喇格纳小学来说,一轮轮的城市改造并没有令其消失,而且在四周全部被重新改建为新的商业楼的情况下,它依然被完好地保存改建并焕发了新的生命力,这是一座城市对历史建筑保护所做的最好的案例之一。

震旦大学和圣玛利亚医院

法租界内的震旦大学,其前身为震旦学院,学院设在徐家汇,在搬迁至吕班路(今重庆中路)后,教会逐步把学院办成了有医学院、法学院、理工学院的正规大学,并改名为震旦大学。震旦大学后来成为知名度极高的大学。震旦大学内的圣伯多禄教堂便成为震旦大学的教徒们的专门教堂。作为法租界的教育医疗板块,萨坡塞小学、震旦大学、圣玛利亚医院、圣伯多禄教堂和震旦博物院围合而成一座大学城。

1933年,装饰派艺术风格的萨坡塞小学(Ecole primaire Chinoise Chapsal)竣工了。这座法租界公董局慈善会创办的"华童公学"曾经非常有名。它位于萨坡塞路(今淡水路416号)上,沿街而立一字排开长长的立面,中轴有装饰派艺术风格的纪念碑样式的入口,两翼对称,简朴而风格独具。它的背后则是以教学质量著称的震旦大学和赉安洋行设计的震旦博物馆。

　　1932年,赉安洋行得到了他们设计的建筑中从未涉猎过的订单,一座为震旦大学设计建造的圣伯多禄教堂(Eglise St Pierre)和一座震旦博物馆。

　　相比于1926年竣工的圣心女子修道院,赉安更想设计一座纯粹的教堂建筑。他和科鲁兹开始收集和研究世界上各种教堂建筑,他们常常打开自己的笔记本寻找曾经遇见的教堂建筑之美。最后,他们确定给圣伯多禄教堂一个全新的外观,那就是简约的形体和顶部的多边与重叠的表现手法。

　　圣伯多禄教堂位于吕班路(今重庆南路)270号,由法国侨民集资兴建,1933年奠基,次年落成。教堂主体和堂内略有拜占庭风格,是可容纳千人以上的大型教堂。教堂一共三层,一楼讲经,二楼礼堂,三楼为圣所。远观教堂,可见教堂的屋顶层层递进,二楼塔顶多边形裹夹着三层的外墙,三层的塔顶裹夹着四层的外墙,最高处为五层的高耸的钟塔。这个钟塔呈罗马风格,内有三个不同角度的大铜钟。这种此起彼伏互相连贯的屋顶是赉安设计的另一个鲜明标志。早在西爱咸斯路的别墅设计中,他已经将这样的此起彼伏的屋顶样式用于设计了。圣伯多禄教堂内有华丽的拱形结构支撑的大穹隆,彩色玻璃的拱形长窗透过阳光倾斜在教堂的长椅上,祈祷的人们神情专注的场景会叫人心里安顿。圣伯多禄教堂的大穹隆下,人与神的结合就像天与地的灵魂在交流。

萨坡塞小学，今淡水路416号（照片摄自1937年7月14日法文版《上海日报》）

曾经的萨坡塞小学如今已经为交通大学医学院使用

萨坡塞小学东立面上的浮雕图案

1996年移位后新建的圣伯多禄教堂的东北立面

在如今的上海交通大学医学院的东校区眺望位于西校区的圣伯多禄教堂的东南立面

圣伯多禄教堂内景

后来,圣伯多禄教堂由于在法租界影响力的提升逐步转变为城市公共教堂,1995 年因上海南北高架工程建设被拆除。如今我们所见的圣伯多禄教堂为 1996 年竣工,于原址西移 30 米后按原样重建的教堂,天主教上海教区现常年在此为在上海的外国人开设英语专场弥撒。虽然只是一个重建的教堂且外观和建筑的质量无法与当年的建筑相提并论,但是,它依旧还原了当年建筑的基本构造和空间结构,这已经是一件非常可喜之事了。至少,我们能看见当年赉安设计的大穹隆和复杂多变的屋顶。

赉安和科鲁兹虽然是第一次设计如此规模的教堂建筑,但是,他们并没有觉得特别困难。赉安和科鲁兹这两个学院派的建筑师在学校里就已经对教堂建筑十分熟悉,他们设计教堂的作业几乎从未间断过,如今能共同设计一座完全不同风格并有一定规模的教堂建筑,那真是圆了两个人的梦想。

与雷米小学同一年竣工的还有位于吕班路(今重庆南路 223 号)的震旦博物馆(又称韩伯禄博物馆,Musee Heude)。博物馆从 1930 开始设计到 1933 年冬竣工并对外开放,这座装饰派艺术的博

震旦博物馆的入口

物馆为上海近代建筑留下了一座经典之作。

　　1933年,圣伯多禄教堂竣工后,高耸的塔顶远远就能被看见。吕班路上因为震旦大学和圣玛利亚医院形成一个医学教育和医疗机构循环的区域。

　　震旦博物馆的前身为韩伯禄(Pierre Marie Heude,1836—1902)神父在上海徐家汇创办的上海第一家博物馆。韩伯禄于1866年抵达上海徐家汇。1872年,耶稣会在徐家汇为他建了一座博物馆,专门收藏他收集的昆虫标本,以及各类贝类、龟类、鸟类的标本。

　　震旦博物馆是一座四层高的装饰派艺术风格的建筑,其外立面依旧采用了泰山牌釉面砖的贴面,赉安倾向于这种既新颖,又有古朴风格和靓丽外表的建筑材料。在当年的设计中能大胆摒弃复古的博物馆建筑样式,是一种极大的创新行为。随着博物馆的开馆,人们争相进入博物馆观看各类珍稀藏品,而博物馆的研究人员则将他们的研究成果和新发现刊登在《韩伯禄博物馆论丛》上。

　　1933年年初,公董局委托赉安设计一座由公益慈善基金出资建造的巴斯德研究所。赉安和科鲁兹一如既往地想将它设计为一

震旦博物馆沿街的西立面顶部的花朵图案（摄影：焦磊）

"L"形的震旦博物馆形成的内院

座更为现代的公共建筑。两个大胆创新的搭档完全将心思扑在现代主义风格建筑上面。虽然有著名的美国建筑师和柯布西耶为主导的现代主义风格理念在先，赉安却认为，所谓现代主义风格没有太多的规矩所限，建筑必须有功能的限制，合理的空间布局，且舒适的居住或工作的环境高于一切，建筑的外观只是这些合理与舒适的陪衬。在上海的租界，地皮的价格已经猛涨到历史最高水平，倘若要运用架空的箱形建筑，那是极为不明智的选择，根本没有业主愿意做这样的事情。赉安一直坚定并且主观地主导着赉安洋行的设计方案，哪怕再小的项目，他都不会请公司里的小年轻代为操

巴斯德研究所南立面,立柱不再隐藏在水泥里

巴斯德研究所的东北立面

巴斯德研究所实验室花园内的圆形亭子

刀,做一些实验性的作品出来。这些被赉安奉为赉安洋行规则的理念为科鲁兹所欣赏。当他们将巴斯德研究所的设计效果图呈现在公董局官员们的面前时,他们看见的是又一次满意的微笑。由于资金有限,赉安在设计时充分考虑了建筑材料的成本,以及一座公共建筑应有的美观与稳重。

  1934年,巴斯德研究所(原金神父路197号,今瑞金二路207号)顺利竣工,在著名的圣玛利亚医院的西南端矗立起了一座既浑厚稳重又现代感十足的五层建筑。赉安第一次大胆地将建筑的立柱全部置于建筑的外部,直上直下的立柱毫无装饰,还是一贯的抹圆。从远处看,竖向结构的半圆立柱间隔着整齐划一的排窗,做足了现代主义风格建筑的气势。整个建筑四面的转角全部是浑厚的抹圆,矩形的平面稳重有余,堪称法租界内的又一处独具一格的现代主义风格建筑。这种抹圆已经开始为建筑界所关注,这是赉安的特征。

巴斯德研究所主楼梯的开窗方式能投射进更多的光线

巴斯德研究所实验室南立面的大铁门毫无装饰图案却显厚重与现代感

  不久,赉安又为圣玛利亚医院设计了贫民病房(今为瑞金医院2、3号楼),这座宽敞的水平向的大楼极具现代风格。横向连贯的长廊在二至五楼之间左右排开,左右对称布局,它们既是病人呼吸新鲜空气的病房阳台,又是连贯的走廊。远处看,一股通透而充满

圣玛利亚医院内，法国海陆军专备病房（图左，照片来自网络）

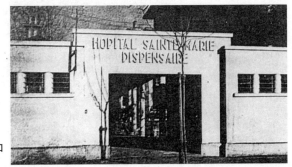

圣玛利亚医院药房的入口（照片来自网络）

阳光气息的走廊式阳台现代感十足。赉安在1934年之前为圣玛利亚医院设计了七座医院楼房，因其后的多次改造已经面目全非，其中，传染病隔离病房已经被拆除。目前，只有2、3号楼得以保持较好的原状。

震旦大学和圣玛利亚医院综合了多种功能和形式的建筑群至今依然在，其中震旦大学旧址保留完好，现在已是上海交通大学医学院。我们至今没有找到1935年由赉安洋行设计的女护士学校

圣玛利亚医院急诊楼（照片摄自1937年7月14日法文版《上海日报》）

圣玛利亚医院传染病隔离病房（照片摄于瑞金医院陈列馆）

圣玛利亚医院贫民病房设计稿（照片摄于瑞金医院陈列馆）

圣玛利亚医院贫民病房,原名圣味增爵楼(Saint Vincent),如今是瑞金医院的内外科病房

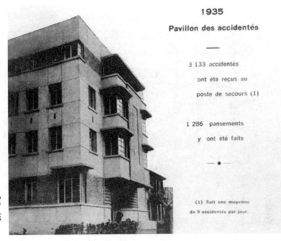

圣玛利亚医院的急诊室(照片摄于瑞金医院陈列馆)

的建筑,它属于圣玛利亚医院的附属机构,间接属于震旦大学。圣玛利亚医院则已经成为著名的瑞金医院,而原来的巴斯德研究所实验室如今变成了疾控中心。有趣的是,震旦博物馆的老建筑居然是中科院巴斯德研究所了。值得一提的是,1939年至1945年,梅玉田主持的中法营造厂设计并营造了震旦大学的一些教学楼和宿舍,其中,图书馆楼最为著名。赉安和梅玉田在上海奋斗的经历

贯穿整个20世纪20年代和30年代,也是这两位曾经的"冤家"在上海建筑业蓬勃发展时期勤力运作和经营,从而使其公司成为获得巨大成功的建筑师设计公司。

第六章　悲喜交错的命运

第一次爱情悲剧

在上海的十几年,赉安的声名鹊起伴随着无数的困难和坚持,他亲眼目睹了一座城市的逐步繁荣,以及风起云涌的革命斗争和黑势力的残酷争斗。

20世纪30年代初期,以南京路为商业中心的英美租界和以霞飞路为主要商业街道的法租界都已经呈现出大都市的气象。于城市建筑而言,租界的相互竞争触发的建筑开发热潮和华界的相对落后形成大上海的千姿百态。毋庸置疑的是,法租界公董局在城市规划和住宅建设的高档化方面更胜一筹。短短的十多年,赉安洋行已经在法租界逐步掌控了大型建筑设计和施工的话语权,虽有同行的激烈竞争,但赉安洋行始终居安思危并勇往直前,他们紧跟着建筑业的繁荣,坚守一个伟大设计师的责任和使命。在赉安的眼里,任何政治的东西都不及自己专注于建筑这件事情,十几年来为建筑设计施工经历过多少不眠之夜,这些过来的日子被他写进了自己的笔记本。这些厚厚的笔记本承载了他在中国上海的日子。只不过,他是用绘画、用线条的重复来记载自己的快乐与哀愁,当然,还有坚持的力量和不灭的理想主义精神。

我们宁可相信，赉安一向是个内心极其浪漫的理想主义者，他把这些内在的东西通过建筑来表达。他的外表严肃有余，这是我们对他内敛严谨的性格所定的调子。我们也可以认为他是一个隐忍的工作狂和懂得认真享受生活的人。从他自己设计的桌椅和厨房用品来看，他是一个处处都要体现美的艺术家，而且，这些美从不落俗并有其自身的独特格调以及法兰西文化艺术的底蕴。

我们并不知道赉安的妻子沃霍芙和女儿娜芮特从青岛到上海的时间，但是，娜芮特在上海的法国学堂入学的时间应该是 1932 年或 1933 年。而赉安的外孙至今还保留着一张摄于 1933 年的照

1933 年在上海技师开业登记名录上，赉安的登记名字为赖鸿那

这张摄于1933年的照片是赉安一家在凡尔登花园居住时的留影

娜芮特在上海法国学堂读书时的照片

赉安在上海的旧居之一，凡尔登花园34号，今陕西南路39弄34号

片，这张照片的拍摄地点位于凡尔登花园34号（今陕西南路39弄34号）。根据资料显示，1933年赉安在上海登记建筑师开业时的家庭地址正是凡尔登花园。

1934年7月14日，法文版《上海日报》在法国国庆日的增刊刊登了赉安洋行成立十年来设计的建筑作品的照片，十年来，赉安洋行共设计了52个建筑作品。报纸的上方还有一幅赉安洋行建筑地图，报纸的居中位置放了一张赉安洋行高级职员的合影。这张合影拍摄于1930年年末，里约夫即将离开上海去巴黎、而科鲁兹刚好从越南河内来到上海准备加盟赉安洋行的时候。

1934年7月16日，阳光从凡尔登花园的大树冠洒下一地的细碎光影，树叶纹丝不动，只有知了似乎没有停歇地唱着歌。赉安牵

1934年7月14日,法文版《上海日报》在法国国庆日的增刊刊登了赉安洋行十年成就建筑作品的照片

着沃霍芙的手去公董局登记结婚,在公董局得到无数祝福的赉安夫妇回到了家里,当黑色的小汽车停在家门口时,娜芮特兴奋地跑向小汽车。她热情地依偎着父母,像一只幸福的小鸟。

黄昏时,凡尔登花园34号的厨房里飘荡着芝士和蘑菇的特殊香味,温馨的餐厅里,空调在嗡嗡作响。中国厨师已经备好了一桌的俄式菜肴和大瓶的法国香槟,长桌的四周围着一圈红色的蜡烛,烛光点点映红了一家人的脸庞。他们在客厅里舞蹈、喝酒、高声歌唱和祝福。

时隔几十年,当娜芮特接近六十岁的时候,在美丽如画的法国南部的滨海拉塞纳(La Seyne Ser Mer),她仍然记得那天晚上家里快乐温馨的情景。她告诉安德莱,那是一个建筑师极其浪漫的婚庆场面。

1934年9月上旬,暑气并没有消退的意思,知了还在梧桐树上不停地唱歌,让人感到烦躁。此时的沃霍芙出现了明显消瘦和全身无力的症状,有时候她还会失眠、感到口干舌燥。一开始她并未

1932年夏天，贲安带着全家去法国南部地中海沿岸旅游，照片为沃霍芙（左2）和娜芮特（左3）在法国芒通（Menton）海边的留影（照片来源：安德莱）

注意到自己身体的变化，总以为休息几天症状就会消失。却不料，在一个清晨，她竟然无法起床，需要贲安的搀扶才能起身去卫生间。

贲安将沃霍芙送到了法国人开设的圣玛利亚医院做身体检查。焦急的贲安请来了医院的法国医生前来为沃霍芙会诊。最后，沃霍芙被确诊为糖尿病并发症并住进了圣玛利亚医院的贵宾病房。两个星期的治疗并没有在沃霍芙的身上起到好的效果。沃霍芙似乎更加虚弱了。一筹莫展的贲安心急如焚，面对这突如其来的打击就像挨了一记闷棍。他到处查寻各种医学杂志，翻阅各种医科学著，他研究这些难懂的医学知识，最后，他知道一切都是徒劳，现代科学还没有足够的办法来对付可恶的糖尿病并发症。

贲安多么后悔自己陪伴爱人的时间少得可怜，多么后悔没有好好地关注爱人的身体状况而导致今日的无奈。他知道爱人要渡过难关的机会已经不多了,自己还能为爱人做点什么吗?想着想着,眼泪不知不觉地滚滚而下。

10月末,细雨绵绵起来,潮湿的空气让人心情也跟着阴郁起来。沃霍芙在病床上已经无力抵抗病魔的肆虐。法国医生也没有更好的办法来控制沃霍芙病情的发展了。1934年10月31日,糖尿病并发症夺去了沃霍芙的生命,她病逝于圣玛利亚医院的病床上。那一天,赉安感觉天都塌下来了。

那些悲痛的日子,在凡尔登花园34号,赉安的身边聚集着很多悲痛的好朋友,他们是:维塞尔、科鲁兹、梅玉田、斯皮尔曼、范诺、盘滕,还有与赉安同甘共苦的几个职员。

1934年的冬天,赉安还在沃霍芙死亡的阴影里走不出来。他的抑郁和消瘦时常让他的合伙人感到担忧。维塞尔和科鲁兹一直陪着赉安,他们尽可能地想让赉安愉快起来。最后,他们决定将道斐南公寓(Dauphine Apts,原福履理路,今建国西路394号)施工现场的麻烦事交给赉安,他们寄希望于赉安在繁忙的工作中走出伤痛。

设计道斐南公寓的日日夜夜,他曾经与妻子沃霍芙有过很多交流,现在,他与逝去的爱人沃霍芙只能在梦里一起走进这座高楼。这个梦是那么真实,每一个空间、每一个布局都是切实地会实现的东西。可是,梦总是要醒的,他多么希望能让沃霍芙看见这座理想的建筑啊!

1935年5月,当报纸上刊登了万国储蓄会投资的道斐南公寓竣工的广告时,它已被出租一空。那些有钱人和银行高级职员都早早地租约了道斐南公寓的房间。高九层,完全对称的钢筋混凝土结构的大楼屹立在福履理路上,它有着垂直的中轴线

道斐南公寓南立面

和两侧对称出挑而宽敞的阳台,转角抹圆,立面无任何装饰,顶层略有退台,平顶,整个建筑以强烈的水平线条为造型,且做工精良,风格统一,现代主义的结构充满了浑然一体的大气之美和流畅的线条魅力。

1935年夏季,赉安洋行的一众设计师和相关人员踏上道斐南公寓的台阶,进入宽敞的门厅,然后走入电梯,来到顶层。他们在大平层上俯瞰城市,往远处看,步高里层层叠叠的屋顶在阳光下闪着光,另一边的不远处,红瓦屋顶的大型里弄式住宅区是建业里。这两个为都市中产以下人口开发的房产项目已经竣工好几年了,

道斐南公寓的北立面（照片摄自 1934 年 7 月 14 日法文版《上海日报》）

建业地产公司在这两个项目所赚取的金钱和名声几乎到达了顶点。

难忘的 1935 年

道斐南公寓的竣工获得一致的肯定。赉安低迷的情绪逐步转向平静。一个夏季的夜晚，在凉风习习的外滩，赉安在当年第一次踏上上海土地的法国码头驻足良久。这里已经矗立着一座高耸的欧战纪念碑了。仰望纪念碑顶端的自由女神青铜像，女神张开的双翼俯瞰城市的轮廓令他想起残酷的一战战场。他的脑海里再次出现了那些战死在战场上的战友和同学的面容。那些活生生的人已经离开自己 20 年左右了。他看着碑上镌刻的一战英雄的名字，那些熟悉的法国名字像一盆火燃烧着自己的心。

站在欧战纪念碑下，他的思绪翻滚起来。在法租界转来转去 14 年有余，自己为上海留下了不少建筑，唯独在法租界外滩只留下中汇大厦和麦兰捕房两个作品。想当年，从法国码头来到万国

赉安伏案工作，1935年

储蓄会的办公楼时，自己还只是一个来冒险的退役军人，一个没有多少建筑经验的巴黎美术学院的毕业生。如今，自己不仅事业有成，还大名鼎鼎，这其中需要付出的代价和牺牲是常人难以理解的。

夜色弥漫，外滩的一排建筑已经呈现出东方巴黎的气象。站在灯火辉煌的沙逊大厦前，他停留很久，很久。这座享誉亚洲乃至世界的高楼，虽有装饰派艺术的外表，却在骨子里暗藏着欧洲的古典韵味。他想到自己设计的建筑风格，想到立在法租界的众多建筑。在他的思维里，考虑最多的是建筑的功能性和实用性，其次才是自己的风格，更不是抄袭或是人云亦云。沙逊大厦的那个金字塔造型的尖顶，在他看来也只是一个尖顶，它过于单调，过于直白，缺乏建筑的语汇。但是，在上海，它确实是独一无二的。他心里明白，每一个设计师都有自己独立的性格，都不会随便跟风，自己也一样。

他在外滩徜徉了很久，街灯和人流时刻提醒着他，上海已经到了经济和城市建设的高潮部分，这座城市的都市形态已经成型。面前的外滩，不再是14年前他第一次踏足的外滩，而是随着经济的发展被重新打造的豪气冲天的外滩。第三代的外滩矗立起了摩天大楼。1926年的海关大楼和1929年的沙逊大厦将装饰派艺术风格建筑的辉煌展露在东方巴黎的外滩。外滩天际线已经形成。

站在外滩的江岸,看着高楼,赉安想到了邬达克。初来上海时,赉安和邬达克时常见面探讨建筑,虽然只是在诺曼底公寓(今武康大楼)的设计中有过共同工作的短暂时光,但他们却是很好的朋友。那时,他们在一起切磋建筑技术、预测新的流行趋势。在建业地产公司成立后,赉安为建业地产公司设计的建筑比较多,而邬达克在公共租界有更广泛的人脉,因与宋子文的关系而得到不少资源和订单。现在,他们都已经形成了自己独特的个人风格。

赉安有众多的朋友,这些朋友的源头来自于在阿尔及尔服役时认识的斯皮尔曼、范诺和盘滕。这几个在上海冒险成功的朋友成为他设计师生涯背后的推手。他认识的朋友很多,只要去法国球场总会打网球或用餐,他都会与他们相聚,一个新的订单常常就在聚会之后便慢慢浮出水面。不得不说,在法租界,法国人得到的机会更多。不过,朋友再多,赉安都时时不忘远在巴黎功成名就的勒·柯布西耶。他很佩服柯布西耶,他看着一个非学院派的建筑大师成功地领跑现代主义建筑的世界潮流,而自己在建筑理论方面却毫无作为。

黄浦江畔微风拂面,他想起了梅玉田设计的比卡迪公寓。比卡迪公寓是梅玉田成立的中法营造公司在上海设计的最大型的建筑,这座装饰派艺术风格的独特建筑他也很喜欢。在心里他赞叹梅玉田的勇敢和坚持精神,也赞叹范诺和斯皮尔曼对友谊的忠诚,这毕竟是万国储蓄会开发的大型房产项目,这样的机会给梅玉田真是再合适不过了。十多年来,赉安洋行几乎包揽了建业地产公司开发的房产项目的设计任务,留给梅玉田的设计只有万国储蓄会的项目了。而邬达克后来一直紧密地与美商普益地产公司合作并设计了不少脍炙人口的建筑作品。

他又沿着江岸返回法国码头,那里刚好有一艘法国游轮在慢慢停靠码头。白色的游轮上一排排的灯都亮着,像无数的眼睛看着黄浦江的两岸。他想起了在巴黎的亲人,母亲和哥哥,龙格和饶勒斯,还有战死在战场上的一个个好战友,他百感交集。在上海的14年,命运垂青了自己的才华和宏大目标,自己就像一列飞驰的火车,隆隆地向前。他感叹自己的幸运,也感叹自己失去了很多东西。尽管只是一时的触景生情,他还是觉得自己已经把上海当成自己的第二故乡了。

他走到中汇大厦的楼下,大堂里的热闹景象立刻让他想到了去世已经快一年的妻子沃霍芙。他真的感到歉疚,一年前,他居然没有带着沃霍芙来这里看这座高耸的建筑。他的心情又一次沉重起来。

爱情之家麦琪公寓

1936年,一座转角有弧形大阳台的十层建筑即将揭去神秘的面纱,当时的行人还不知道这座公寓叫什么名字,只是觉得脚手架背后建筑有弧度的阳台很新颖,都想一睹它的容貌。这座即将竣工的公寓高楼的对面,一个转角是白赛仲公寓,另一个转角是白赛仲路(今复兴西路)17号的花园别墅,与这三个转角形成完美街区形象的是一个法国式的三角花园。这个三角花园给这十字街口带来了花园的清新与美丽的气息,使麦琪路(今乌鲁木齐中路)和白赛仲路的四个转角丰满起来。从此,这里成为上海最著名的街区之一,代表着高档的地段和富人高品位的生活方式,以至于后来,这里的周边逐渐形成领事馆区域。如果你站在麦琪公寓十层的圆弧阳台上俯瞰，你会感叹法租界的城市规划令人肃然起敬；你会愿意相信美国领事馆和法国领事馆官邸建立在麦琪公寓的周边是多么正确的决定。

这个宜人居住之地聚集着众多的高级私人住宅，其中心位置并非三角花园，而是麦琪公寓。首先，它的高度和美观的外表颇为吸引人；其次，站在三角花园的任何一个位置，你总能看见亭亭玉立的麦琪公寓。这座形体基本对称，建筑外形强调与周边环境的呼应，镶贴着浅黄色釉面砖的公寓建筑，不仅在转角有大弧形的阳台层层排列使得居住者可以大大享受阳台的乐趣，而且，在利用最大居住功能的设计上也是独具匠心。

赉安从来就是讲究功能的建筑设计师。在他所设计的众多建筑中，无一例是为了满足建筑师本人为艺术目的而牺牲使用功能建的，道斐南公寓、盖司康公寓更是将功能和舒适度排在了第一位的需要。

麦琪公寓占地1220平方米，由荣康地产公司开发，中法营造厂承建。麦琪公寓底层的入口位于转角的中心位置，前厅虽小，但是浅黄色的水洗磨石子的地坪质量非常考究，东侧的楼梯也是水洗磨石子建造。楼梯的转弯处像一把逐渐打开的扇子，且每一层的台阶颜色由浅黄逐渐过渡到浅橘色，这是赉安赋予居住者使用楼梯时不至于太乏味的精心设计。11户人家共用一个旋转楼梯和一个电梯，卫浴设施都是当年的顶级配置，柳桉木门、柚木拼花地板、分割完美的天花板，这些设计至今都不会过时。站在那个弧形的内凹阳台上，城景的抒情气氛扑面而来。麦琪公寓不是大型建筑，其中却包含了赉安的精心设计和合理的空间分配。

1935年的经济危机似乎也没有给顽强的人们带来什么巨大

麦琪公寓的圆弧形转角

麦琪公寓(图中)和白赛仲公寓(图右下)位于法租界的高档住宅区域

麦琪公寓第十层的阳台

麦琪公寓第十层的转角窗

的打击。中国人说,只要活着,什么都可以重来。对于赉安而言,在经历了1934年的大喜大悲和1935年的经济萧条后,他重新开始建立自己的自信和在建筑设计领域的创新。

1935年的某个日子,新的爱情不期而遇。这位美丽且歌舞才华出众的女人和沃霍芙一样也是俄罗斯犹太人。她叫安娜·伊凡诺夫娜·波西斯(Anna Ivanovna Bowshis)。安娜出生于1898年的俄罗斯维尔纳(今立陶宛首都维尔纽斯),出生后便随父亲远赴哈尔滨定居,其父亲是一位液压领域的工程师。1932年,安娜逃离了被日本人控制的满洲里来到上海,开始了在上海的歌舞女郎生涯。在上海多年,她生活清苦,作为一个出入夜总会的舞女,她尝尽了人间的冷暖。与赉安相识相恋,让安娜终于告别了凄苦,也告别纷乱的夜总会。这段打开赉安心灵的爱情,不但消融了他对逝去的沃霍芙的伤痛,也给他带来幸福生活的新希望。活色生香、充满智慧的安娜给赉安带来了极大的生活乐趣和创作灵感。

那时候,赉安逐渐恢复了良好的创作状态,他常常将安娜带到自己位于凡尔登花园34号的家里,请中国厨师郭志成烹煮地道的法国餐或是俄罗斯餐。

1936年夏天,赉安携娜芮特住进了竣工不久的麦琪公寓(今复兴西路24号)的九楼。他们拥有一个大客厅和一个大弧度的阳台,以及两个卧室和北面的露台。麦琪公寓的顶层是跃层结构,楼上则居住着维塞尔一家。

1936年12月初,法文版《上海日报》刊登了赉安与安娜的婚姻启示。三天后,法文版《上海日报》上刊登了一篇文章,这篇随笔性质的文章以一贯的大胆作风来讽刺各种人和事,其中有一段揶揄了一位法国建筑大师娶了一位犹太舞女。虽然只是短短数语,人们心知肚明写的是新婚的建筑大师赉安。文章中故意将安娜的名字写成了罗斯特德(Rosted),这是反犹者含侮辱性质的用词,相当于"犹太佬"的意思。

这篇文章在法租界所激起的轩然大波不但影响了赉安夫妇,还严重影响了娜芮特的学校生活。在法国学堂,娜芮特被同学孤立,几乎没人和她说话,最让她难过的是几个在学校里形影不离的同学竟然也不理她了。

娜芮特一开始就不喜欢这个外表高贵的女人,虽然安娜名副其实地美丽,但是,娜芮特没有办法让自己喜欢上她。有一次,赉安叫娜芮特端一杯咖啡给继母,心里老大不愿意的娜芮特灵机一动在咖啡里放进了一条鱼缸里已经翻着白肚皮的小鱼。当安娜感觉嘴里不对劲时已经来不及吐出那条小鱼了。

安娜很少有机会与娜芮特说话,虽然她曾经非常努力地接近娜芮特,可这个十岁的女孩像是她的天生仇敌。家里的房间很大,也很舒适,有很多书和工艺品,但是,娜芮特还是愿意在楼下的三角花园里和小伙伴玩耍,直到大厨师郭志成叫她回家吃晚餐才会回家。

娜芮特不愿意有后妈,童话故事里的后妈没一个是好人。那次在咖啡里放进一条濒临死亡的小鱼,虽只是自己的恶作剧,但是,她后来感觉舒心畅快多了。在心里,她不喜欢安娜的漂亮,因为,爸爸把对自己的爱明显地用在了这个女人的身上,还有一个重要的原因,她无法理解,自己的父亲为何再次娶一个犹太女人为妻,仅仅是因为俄罗斯女人的美丽吗?这个爱出风头的女人使自己在学校受到的侮辱变本加厉起来。所以,她不喜欢这个家。

那会儿,维塞尔和苏珊娜夫妇的第一个儿子已经满周岁了。苏珊娜正怀着第二胎。挺着大肚子的苏珊娜常常给娜芮特烘焙法式面包和蛋糕。那段时期,娜芮特将苏珊娜当成了自己的好朋友,偶尔也会是梦中出现的母亲。麦琪公寓的顶层成为娜芮特躲避现实的安身之处。有时候,维塞尔都搞不明白,为何娜芮特与自己的妻子那么投缘,也许是娜芮特在苏珊娜身上看见了沃霍芙的善良淳朴和美丽吧。

很快就是1937年中国人的春节了,街上梧桐树叶已经掉落得无影无踪了,偶尔驶过的电车发出叮当的声音,街上穿着灰布长衫和暗花棉质旗袍的女人在寒风中匆匆而过。赉安站在麦琪公寓的顶层阳台上俯瞰着城市,一幕幕的场景犹如灰色的梦境一般。上海阴郁的天气太容易让人伤感了,此时,他会想起可怜的前妻,她的生命太短暂了,自己还来不及好好爱她,她就走了。

风有点大,他将黑色麦尔登呢子大衣的领子竖了起来。他看见娜芮特走进了对面的三角花园里,女儿在渐渐长大,这令他欣慰,他希望女儿可亲可爱,但是,她却有点叛逆。他爱她,他担心她在学校里被同学欺负,他担心女儿的心灵受伤,他还给她亲自设计了一支钢笔(这支钢笔被娜芮特视为父亲对自己的真爱,据说它被

上海法租界法国驻沪领事馆大楼方案（照片摄自：《La Villa Basset》）

保存在驻沪美国领事馆的展厅里）。

贲安竭尽全力想成为好丈夫好父亲，可是，家里常常出现紧张的气氛，娜芮特几乎不愿与安娜出现在同一个空间里，她宁可早早起床一个人用早餐，为的是不遇见安娜。贲安很是烦恼，他多次苦口婆心地与女儿谈话，而女儿只是表面应付。

唉！他想起了那张刊登在报纸上的讽刺自己婚姻的文章，想起了因为这篇文章而变得门可罗雀的办公室，想起了几个优秀的员工离开了贲安洋行。看上去一切都和犹太妻子有关，但是，自己的妻子是没有任何罪过的。他愿意守着自己美丽的妻子，愿意与她过一生。他甚至心心念念要为这个家建一座不朽的建筑，这座象征爱情与希望的建筑被取名为阿麦伦公寓（Amyron Apts），公寓位于他一年前就决定买下的那块位于高恩路与麦尼尼路口的地皮上。

夜幕降临，风越来越大，他依旧围着栏杆俯瞰城景。他想起1937年5月巴黎世博会的邀请函还在办公室的桌子上放着。要去参加巴黎世博会吗？是不是应该去看看自己的母亲了？他掐指一算,唉！伟大的母亲,儿子已经离开您17年了。

在这寒冷的北风里,在这忧郁的空气里,他真想流泪,真想号啕大哭,但是,他忍住了。他只能一个人在阳台上整理自己的心情。最后,他决定去巴黎看望自己的母亲,并将阿麦伦公寓的设计做成一个漂亮的模型,这个模型将会被送到巴黎参展。另外,他已经在1936年12月做好了两个模型,一个是法租界法国驻沪领事馆大楼的设计模型,另一个是法租界公董局大楼的设计模型。

1937年巴黎世博会

1937年4月,赉安抵达了阔别12年的巴黎。

在一个阳光灿烂的下午,他回到了日思夜想的巴黎第一区。当繁华的街景再一次出现在自己面前时,童年与青年时期的回忆像波澜壮阔的海水一样涌进自己的脑海里。他激动地迎接一幢幢扑面而来的巴黎公寓、教堂和雕塑,大步走向那片养育了自己的街区——雷·阿勒(大堂)。

在拥有巨大天篷的交易市场,他眼前浮现出母亲在奶制品商店里的忙碌身影,还有社会主义运动领袖让·龙格和已经逝去的让·饶勒斯。一切都过去了,曾经的风华少年如今已是一位建筑设计师了,而自己母亲究竟什么样子了呢？她的头发白了吗？

站在普罗瓦利斯街3号(3 Rue des Prouvaires)母亲居住的公寓楼下,他徘徊良久。他在公寓楼下来回踱步。岁月似乎没有给这幢公寓留下任何痕迹,一样的淡黄色的墙面和凹凸有致的线脚,一样的黑色铸铁栏杆花纹,可是,时间却如流水一般一去不回。他有点恍然如梦的感觉,自己已经是46岁的人了。

尽管已经得知69岁的母亲为自己有一个外孙女而格外高兴，但是，赉安仍然内疚得不敢推开公寓里那扇棕色的木门。17年的思念与隔膜，从未尽过孝心的儿子回来得太晚，太晚了。

下午的阳光热烈地照在身上，他终于下定决心推开了那扇沉重的棕色木门，走上了楼梯，轻轻地敲响那扇无数次在梦中出现的家门，那扇在梦中永远也敲不开的棕色的带着好看花纹的木门。

回到巴黎，回到了家，赉安一连几天足不出户地在家陪着母亲，似乎要弥补自己十几年来对这个家所缺失的爱。他将与女儿娜芮特和逝去的妻子沃霍芙的全家照片放在整整一面墙的家族照片的中间。赉安告诉母亲目前的婚姻所引来的风波，告诉母亲已经11岁的娜芮特在学校里被孤立的痛苦与烦恼。

赉安见到了哥哥亨利。1932年，亨利曾经来上海的赉安洋行工作过一段时间，现在，哥哥已经是比利时铁路公司的工程师了。一家人团聚的幸福笼罩在各自的心头，赉安更是如孩子般高兴。每一天，当母亲出门购物或是外出喝咖啡时，赉安就打开笔记本涂涂画画。其实，自从与安娜的婚姻启示刊登以后，他的建筑设计订单就逐步减少了，他一下子从长期的忙碌中闲下来，显得并不适应。

赉安去拜访了让·龙格。两个形同父子的人在龙格的家里聊了很长时间，晚上，两人又去咖啡馆继续聊。当夜深时，咖啡馆里忽然传来吵吵嚷嚷的声音，循声望去，几个年轻人在义愤填膺地骂德国人。龙格和赉安起身靠近这几个年轻人。一打听才知道，就在昨天（1937年4月26日），德国空军轰炸了西班牙北部巴克斯重镇格尔尼卡。德军三个小时的轰炸，炸死炸伤了很多平民百姓。格尔尼卡被夷为平地。人们在悲愤中预感到战争的逼近，赉安和龙格完全被这爆炸性的新闻惊呆了。整个世界又一次陷入担忧与悲伤之中。德国人的行径使人无法相信一个和平的世界还会继续。

1937年5月,世博会在战争的阴影下开幕了,这次的主题是"现代世界的艺术与技术"。世博会的场馆建筑在以埃菲尔铁塔为中心点的四周。在铁塔的两侧,一边是高耸的德国馆建筑,刚毅的钢筋混凝土建筑;另一侧是苏联馆高大的竖线条建筑,其屋顶有一座巨大的雕塑:两个巨人迈步前进,男人手里拿着一把锤子,女人手里拿着一把镰刀。看起来,两个一心要称霸的霸主占据了最好的位置,似乎要向世界宣告他们的威武与豪气。跨过伊阿纳桥便是法国政府为这次世博会建造的夏乐宫了。夏乐宫伸展着长长的弧形两翼并围合着一个下沉的巨大喷水池,它们共同组成一个错落有致的特罗卡德罗广场。整个广场气势磅礴,它正与铁塔相对着。

虽是在欧洲局势紧张和经济萧条的背景之下,人们依旧对这次世博会充满了希冀。世博会的每一个场馆都用壁画来装饰,看起来就像一个庞大的画展。夏乐宫里,毕加索最近创作的黑白灰三色壁画《格尔尼卡》引起了巨大的轰动。这幅描绘德军轰炸西班牙重镇格尔尼卡的壁画表达了毕加索义愤填膺的态度。人们谴责德国,也害怕世界的和平再次被打破。

赉安久久地站在这幅壁画前,他为好朋友毕加索这幅震撼人心的画所打动。他看见了血肉模糊和四分五裂,看见了毁灭的残酷与凄惨,他难以抑制自己的情感,对大师的作品所反映出来的愤懑和狂热,他完全感同身受。

与1900年在巴黎举办的那场全面回顾19世纪人类伟大成就的世博会有所不同,1937年战争的阴影笼罩着特罗卡德罗广场,而世博会的气氛却是祥和的,只有站在毕加索的壁画前,人们才看见已经逼近的战争。很多人没有进入德国馆参观。赉安也是。

在各国集中展示自己的秀场里,赉安感觉自己与十岁时在母亲带领下参观时的心情是一样的,他仍然保持着一颗童心和探索的眼睛惊诧地看着这个繁花一样的世界。他看世界上最老的蒸汽机、世界上第一批电视机、第一个展示血液流动和人体主要器官工作情况的玻璃人体模型。一切都在科学发明中得以进步起来,这让他怀着热爱世界的心情和这种心情带给他的动力。他发现自己的不足,也看见自己一意孤行喜欢的装饰派艺术建筑风格依然被世界拥抱着,但是,现代主义风格建筑的热潮已经逐步呈现出来。他看见好朋友勒·柯布西耶的新时代馆,那是很有新意的展览会作品,是一座简易的钢结构斜拉支撑和篷布覆盖的现代主义风格建筑。

当欧洲在报刊上天天出现有关战争的争论和猜测时,遥远的亚洲突然爆发了一场战争。1937年7月7日,日军在中国北平挑起了卢沟桥事变。第二天,中日之战全面爆发。赉安开始感到极大的不安,中国的局势始终牵动着他的心。

1937年7月19日,赉安参加了在巴黎举行的国际现代艺术理事会议。他与国际上的建筑大师切磋技艺,商讨世界建筑的趋势和未来的发展空间。这次会议上,他和柯布西耶都做了有关现代建筑理论的专题讲座。

7月末,赉安无法在巴黎继续安逸下去了。他提前结束了赉安洋行的参展,离开了巴黎。母亲、哥哥和龙格把赉安送到巴黎里昂火车站。

中日战争已经爆发,赉安知道,自己带到巴黎去的三个参展的建筑模型中,阿麦伦公寓一定能建造好,而另两个模型,新公董局和新法国驻沪领事馆,也许它们只能是空中楼阁了。虽然自己设计的建筑遍布上海的法租界，但是，这两个应该矗立在霞飞路杜美公园(今襄阳公园)的现代主义大建筑是自己期待已久的作品。可是个人无法主宰世界走向，他感到又一次灾难即将来临。

第七章 繁华不再

孤岛沉沦

茫茫大海上的一个月,赉安的心里念着上海家里的安全,担心着日本人是否会进入租界,念着妻女是不是相处得和谐。当邮轮抵达越南芽庄后,他下船给妻子发了一份8月末抵达上海的电报。在芽庄停留的几天,他无心再乘车去大叻,而是在船上焦急地等待着重新启程。

来中国已经快17年了,上海已经成为自己的第二故乡。他身在法租界并非对日本人不了解,日本人在中国劣迹斑斑,他们用刺刀刺死手无寸铁的中国人;他们用机枪扫射穷苦的中国老百姓,致使很多市民逃往租界避难。1931年1月28日开始的中国军队的十九路军与日本军队的激烈战斗持续了一个月,使50万的上海居民成为无家可归的难民。

急于归家的赉安哪里会知道,当他8月末的清晨抵达上海虹口的公平路码头时,正是震惊世界的淞沪会战激烈之时。当管家开着小汽车一路途经外白渡桥时,他看见大批的难民慌慌张张地跨过苏州河的外白渡桥逃往租界内,那兵荒马乱的局面使他的担忧加剧了。

终于回到了家,看见妻女安好,家庭气氛还不错,赉安一颗悬着的心落下了。妻子告诉他,8月13日,淞沪会战爆发;8月14日,中国空军抗击日军空袭,取得首次空战胜利。

他急忙拿起一叠最近的报纸,报纸上全篇的战争报道让他想起一战的卓绝岁月。当他仔细看完报纸后,他知道自己所处的法租界已经成为被日本人包围的孤岛,野心勃勃的日本人迟早会开进上海的两个租界。他决定给已经几个月未曾联系的几个朋友打电话,和他们聊一聊战争的局势。他第一个电话便是打给范诺,却不料,男管家告诉他一个噩耗,范诺已经死于圣玛利亚医院。他惊呆了,手里拿着电话筒,脑海里全是范诺大气和蔼的脸庞。

范诺的死讯令赉安既痛苦又不安。他常常在黑夜里翻来覆去无法入睡。范诺走了,赉安失去了一个曾经给他无数帮助和拥有深厚友谊的朋友。在巴黎和上海租界都出现战争威胁的时候,赉安知道生命无常是必须面对的事情。只是,范诺走得太早了,他只有59岁。

赉安想着第二天到范诺的家里去一趟,看看他家里的状况如何。他想起范诺的几个儿子都在法国。欧洲也正处于动荡不安中,估计他们也没有机会到上海来拜祭父亲了。唉!战乱之中,谁的命运能够由自己掌控呢?欧洲有虎视眈眈的德国人,亚洲有贪婪的日本人,世界大战看来是无法避免了。

虽然依旧去培恩公寓的办公室上班,可是,职员们关注着正在酣战的苏州河北岸的炮击声,常常有职员站在八楼的窗口眺望不远处的滚滚浓烟。赉安和科鲁兹切身感受到了战争的威胁正在逼近,维塞尔提出在越南西贡组建一家赉安洋行印度支那分行。与此同时,万国储蓄会也正在被国民政府步步紧逼做最

1936年赉安作为法国军队的志愿者行进在霞飞路上

后的清算。在战争来临后,企图重整旗鼓的万国储蓄会也已经将建业地产的分公司建到了越南西贡,这也是赉安洋行最终决定由维塞尔和科鲁兹去越南西贡组建赉安洋行印度支那分行的一个主要原因。

　　10月下旬,当赉安一家人守着收音机听新闻广播时,突然听见窗外传来的炮弹声比平时更加频繁,而且接连不断,妻女惊恐得不知如何是好。战争在苏州河北岸的闸北持续了几天,黑色的浓烟一大片一大片地滚向天空。大报小报都是铺天盖地的淞沪会战的消息,所有的报纸都在颂扬中国军人的威武与勇敢。

　　这个令人不安的秋天,法租界里各个国籍的人们一边关注着战事一边依旧如常地生活着。人们不断地猜测日本人是不是会攻入两个租界,中国的军队能不能在德国军事顾问的支持下战胜日军。赉安每周去几次霞飞路的公司,他手头仅剩的工作基本安排在家里完成。人心惶惶的日子,天天枪声炮声不断,报纸上连篇的战争报道,再怎么想要不闻不问都是不可能的。他希望中国人赢得胜利,希望能看见日本人离开上海。可是,到了10月底,中国的军队都撤离了，只留下一支顽强的中国军队的"八百壮士"在苏州河北岸边的闸北四行仓库与日本军队顽强抵抗。这支中国军队的最后抵抗牵动了无数人的心。11月上旬，四行仓库的勇士们最后还是接到了撤退的命令，而日本军队则完全占据了除租界以外的上海，闸北和宝山等地几乎被炮火夷为平地；荣宗敬的面粉厂和棉纺厂不是被炸毁，就是被日本人占有。租界成为一座被日军包围的孤岛。

12月3日，日本人居然在公共租界举行了庆祝战争胜利的游行活动，这理所当然地遭到了西方人士的强烈反感。西方人与日本人的冲突徒然增加。12月中旬，刚刚得到片刻平静的上海还没有完全缓过神来，在南京却发生了惨无人道的日本人对中国人的大屠杀事件。法租界的各国人士终于看清了日本人的残忍，这里开始有了日本人终会打入租界的说法。已经成为孤岛的租界涌入的大量难民已经将租界人口升级到400万。赉安一家人时常会在车子里看见露宿街头的难民因寒冷、饥饿和疾病而死在街头的场面。尽管只是片刻所见，但一家人还是为中国人的苦难和悲伤而泪流满面。

因为战争，上海的"黄金时期"宣告结束。上海的两个租界陷入孤岛时期。1938年夏季，赉安决定带着妻女去巴黎见自己的母亲。同时，他要为日益恶化的租界环境留一个退路，万一日本人打进了租界，至少能让娜芮特和安娜有一个逃离上海，躲避在巴黎的机会。尽管法国也并不安全，相比之下，巴黎可能多少更安全一些。另一方面，赉安希望安娜喜欢巴黎，喜欢巴黎的亲人，那样的话，安娜会多一个选择。

在西贡

1938年夏天,当赉安一家人抵达巴黎后,母亲告诉赉安,龙格已经死于一场车祸。这突然的噩耗让赉安无法平静。龙格,这个坚定的社会主义者,一个坚强的战士,七岁时失去了母亲(其母亲是著名的社会学家马克思的大女儿燕妮·马克斯)和外祖父马克思,17岁时又失去了父亲。他的革命动力和勤奋,以及革命者领袖的精神时时令人感动。赉安非常悲痛,他坐立不安。那一天,赉安一家人去了龙格的遗孀安妮塔·德芙家里进行了慰问。

赉安一家在巴黎住了多天。和上次一样,赉安尽可能地陪着母亲说说话。安娜则常常和娜芮特出门逛商店,购物,喝咖啡。离开巴黎的那天,母亲又一次流泪了。她嘱咐赉安一定要照顾好妻女,一旦上海的局势紧张,一家人必须赶快回到巴黎。

那一次与母亲见完面,冥冥之中,他感觉到将来自己人生的路途将会非常艰难。他被一种悲伤的情绪笼罩着,甚至想,下次还有机会见到母亲吗?

他们在法国南部城市濒临地中海的滨海拉塞讷(La Seyne sur mer)度过了一个月时间。12岁的娜芮特认识了当地英俊的年轻人海利·杜希福(Henri Dechifre)。

1938年夏季的法国之旅让年少的娜芮特喜欢上了法国,她似乎在法国找到了身份认同感。她与海利·杜希福的相识,我们目前并不知道当时是不是彼此的初恋,他们后来在第二次世界大战结束后结婚了。

1938年8月下旬,赉安及妻女乘邮轮从法国马赛港启程回上

赉安洋行西贡办公楼（26 Ly Tu Trong，摄影：焦磊）

海，途经越南芽庄后，他们直奔西贡。在西贡的赉安洋行印度支那分行的办公楼里，赉安见到了维塞尔和科鲁兹。

赉安洋行印度支那分行的办公楼坐落于西贡市中心的拉格兰帝耶街26号（越南语地址：26 Ly Tu Trong），不远处便是早期法国殖民地时期著名的圣母玛利亚教堂和中央邮局。

这座圆弧形转角的现代主义风格公寓有着丰富的立面造型，顶层的双立柱长阳台和铁艺栏杆充满了新型建筑的艺术风格，暗示着巴黎公寓建筑的某些特征。我们目前并不知晓此建筑由谁设计，也不知晓赉安洋行印度支那分行在此办公的具体时间。总之，

1938年8月下旬,赉安是来到西贡并在西贡亲自签署了赉安洋行印度支那分行成立的章程和注册登记的手续。1939年,赉安洋行印度支那分行搬迁到了越南大叻。1942年之后,上海赉安洋行被迫关闭,这里的总建筑设计师为维塞尔,赉安洋行印度支那分行随即也被更改为保罗·维塞尔工程师行。维塞尔在越南逐步进入自己人生中独当一面的时期。

1937年7月,中国和日本开始了全面的战争,维塞尔那时向赉安提出移民越南的计划并提议建立赉安洋行印度支那分行。赉安深知长期在自己身边做副手的维塞尔必有要在越南大显身手的计划,又考虑到在中国已经岌岌可危的万国储蓄会也即将奔赴越南西贡开设印度支那分行,他决定由维塞尔、科鲁兹前往越南西贡建立赉安洋行印度支那分行。

壮志凌云的维塞尔带着家眷移民大叻这座越南著名的避暑之地,他们育有多个孩子的大家庭在大叻开始了长达18年的生活。维塞尔和苏珊娜有九个孩子,后面几个都诞生在越南。那时候,作为法属殖民地的首府西贡已经是一座初具规模的城市了,虽然西贡和大叻相距几百公里,赉安洋行将分行建立在西贡和大叻却是顺其自然的事情。

赉安洋行西贡办公楼附近的拉格兰帝耶街14号(越南语地址:14 Ly Tu Trong)原本是法国军事医院,曾经服务于法国殖民地的步兵们。法国军事医院规模巨大,有非常漂亮的花园和1864年之后遗存下来的有着连续拱形大窗的古老建筑,以及在1925年由军事医院改为综合性医院格拉尔医院(Hospital Grall)时的扩建建筑,其中,赉安洋行印度支那分行为古老的医院新添了一座现代主义的小楼,其竣工的时间是20世纪30年代,如今是西贡第二儿童医院的六号楼。

20世纪30年代的格拉尔医院小楼,如今是西贡第二儿童医院六号楼

早在军事医院服务于法国步兵时期,法国人阿尔伯特·卡尔梅特(Albert Calmette,1863—1933)正在这里负责研发狂犬病和天花的疫苗。正是这里的研发促成了阿尔伯特·卡尔梅特于1891年在法国境外的西贡成立了第一家巴斯德研究所,随后的1904年越南芽庄成立了规模更大的巴斯德研究所;1934年,巴斯德研究所在上海成立,其建筑正是赉安洋行的作品。

赉安携妻女在西贡停留了几天便去了避暑胜地大叻。来到久别的大叻,他们下榻在杜美街16号(法语地址:16 Avenue Paul Douter,越南语地址:16 Tran Hung Dao)的别墅里。这座东西有着

210

大叻杜美街16号的别墅是赉安洋行印度支那分行的办公楼（摄影：焦磊）

两个大斜坡屋顶的小楼被绿藤覆盖着，外观古朴且乡村气息浓重，其内部却是当年新颖的装饰派艺术风格，尤其是壁炉的样式可谓创新和独特。这座在17幢别墅群中第一个设计和建造的别墅于1934年竣工，最初是赉安洋行的三个股东用于度假居住之地，除了乡村式的主楼，在它的东侧还有一座低矮的副楼，形同主楼的统一风格，后来，这里成为赉安洋行印度支那分行的办公用房。

自1934年起，赉安洋行为大叻杜美街两侧设计建造了17幢单体花园别墅。它们经历了漫长的岁月和战火的洗礼，其中有两幢单体花园别墅被毁。2005年，越南艺术家阮先生将这里遗

杜美街16号的别墅,其二楼独特造型的壁炉(摄影:焦磊)

留的15座残破的别墅——修缮并最大限度地保留了别墅的原结构和原构件,它们成为卡达萨度假酒店(Dalat Cadasa Resort)的客房。曾经贲安、维塞尔、科鲁兹以及政府官员居住的别墅已经成为过往的历史,现在的人们终于有机会在别墅内度假生活了。别墅群中的杜美街22号花园别墅则成为度假酒店里设施最为豪华、藏品最多的贵宾客房,据说这里接待过一些世界级的政治家和社会名流。

卡达萨度假酒店内的15座单体花园别墅具体地址为:杜美街双号为14、16、18、20、22、26号,杜美街单号为15、17、19、21、23、25、29、31、33号,其中缺失的24号和27号正是被毁的别墅。

大叻是越南不多见的高山之城,其美丽典雅的湖泊和遍布的松林瀑布成为19世纪下半叶法国人周末度假的钟情之地。法国人在这里倾情打造了一座高山之上的"法国城",其城市的功能和设施都尽可能符合法国人的审美和生活的需求,其中,杜美街的别墅群给大叻留下建筑史上的瑰丽篇章,它们各自独立的风貌和大花园的契合成为如今人赞叹不已的杰作,而另一个在大叻极为重要的现代主义建筑保大行宫则成为大叻旅行必去之地。

贲安洋行在1929年为保大行宫做设计的同时,也设计了大叻

杜美街14号花园别墅依旧保留着英式别墅的半露木结构的设计

天主教玛丽亚修道院的主楼，主楼1930年竣工，之后的十年，赉安洋行一直在为完善整个修道院的扩展规划而设计。其后院的孤儿院和修道院的建成大约在1940年左右，而大叻的保大行宫从1933年开始施工建造，直到1938年才得以竣工。如今，越南的天主教玛丽亚修道院和后院仍然在承担着几十年来天主教会的历史使命，孤儿院仍然在服务于那些无家可归的儿童和残疾人，侧院的小楼里仍然在销售手工艺品，其销售收入仍然服务于孤儿院的孩子们和社会的慈善事业。

1938年9月，赉安一家人离开了大叻，他们在越南的芽庄登上邮轮回到了上海。此次与大叻的告别成为赉安与友情深厚的维塞尔和科鲁兹的最后一次见面。

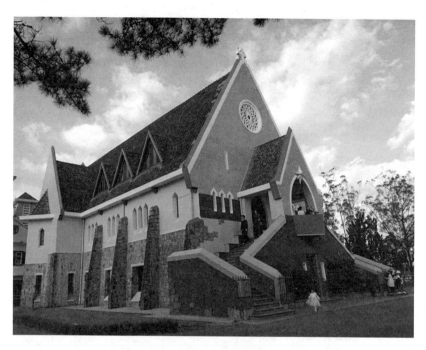

大叻玛丽亚修道院的西南立面（摄影：顾鸣）

回到上海后，赉安又听到一个噩耗，盘滕因病而死。

1939年，科鲁兹退出了赉安洋行印度支那分行。1942年之后，二战的烽火连天阻碍了通信的联系，一边中国军队在和日本军队抗衡，另一边越南保大皇帝废除了法国殖民后又投靠了日本人。1946年，困境中的赉安洋行印度支那分行仍然坚持着。日本人离开西贡后，维塞尔一直坚持到1956年才离开越南回到法国。期间，他和他的越南同事们共同完成了在越南不少于155幢建筑的设计和建造，这几乎超越上海赉安洋行的设计数量。不过，整体来讲，赉安在上海主持的建筑设计在新艺术新方法的引领方面相比西贡和大叻的设计要高出一筹，这自然会有西贡与上海的不同文化、不同政治环境以及不同的历史机遇所产生的原因。

玛丽亚修道院的内部木架结构的尖顶

玛丽亚修道院的北面是两座修道院培训、宿舍等功能的副楼围合起来的大花园
（摄影：沈竝）

阿麦伦公寓

"东方巴黎"上海在1937年已经是拥有300多万常住人口的世界第五大都市了。在七万多外籍人口中,快速增长且野心勃勃的日本人竟然占了两万人。俄罗斯人则有一万人之多,他们大多数是1917年的十月革命后逃亡中国的贵族阶层以及那些贵族的追随者,其中就有众多的犹太人。淞沪会战迫使很多外籍人士和侨民纷纷离开上海去了英美等国,而租界则成为更多的中国难民避难的首选之地。1937年7月之后,在短短的几个月里,法租界涌进了70万难民,租界当局采取了各种措施维护法租界的秩序和安全,其中,25万人被安置在神父饶家驹设立的南市难民区。与此同时,从欧洲辗转日本逃到上海的犹太难民也已经达到两万人之多,他们大部分群居在虹口的提篮桥一带。

1939年,上海各种势力拼命搏杀,每日都能在报上看到暗杀、绑架和枪战的消息。南京、广州、海南等港口城市相继沦陷。汪精卫投入日本人怀抱后更是令上海充斥着恐怖的气氛,上海在动荡中惶惶不安。1939年5月,赉安终于决定送女儿去法国了。而安娜则继续坚持留在上海。6月,赉安亲自送女儿一路颠簸抵达满洲里,然后,娜芮特独自一人从满洲里出境登上了开往西伯利亚的火车。9月末,娜芮特如愿安全抵达巴黎。祖母在巴黎火车站再次看见了自己的孙女娜芮特。此时,德国进攻波兰,第二次世界大战全面爆发。

此时的上海,安娜担忧着自己犹太人的身份。德国人大肆残害犹太人的报道时有耳闻,并且,她发现霞飞路上的犹太难民越来

娜芮特于 1939 年使用的护照

越多，这不禁让刻意隐藏犹太人身份的安娜更加焦虑。赉安已经无心照料自己的洋行，他和安娜几乎每天守在自己的家里足不出户。他最大的事情不再是设计建筑效果图和精心布局建筑的空间，更不是吃喝玩乐，而是收听广播。来自欧洲和中国华北的战况不停地从广播里传来，既有反对战争蛊惑人心的激昂陈词，也有令人心碎的犹太人被残酷迫害的伤心消息。他每天上午都会站在麦琪公寓的阳台上，盼望着邮差经过家门口，期待着收到女儿来自法国的信件。以往邮差的自行车上总是挂着大包小包的邮件，现在则是聊聊的数份报纸在车斗里晃来晃去。

到了11月，赉安仍然没有收到娜芮特来自法国的信件，他打电话问自己身边的法国朋友，每个人都告诉他大量的邮件被积压在马赛港无法运出。

战火中，赉安洋行几乎到了最后的时刻，培恩公寓的办公室几乎到了关闭的状态。赉安偶尔去上班，那里有几个忠诚的中国雇员陪伴着他，还有两个法国籍的设计师偶尔会到洋行里上班。法国人观望着上海和巴黎的战争形势，感到进退两难。洋行里的每一个人都清楚，欧洲开始了大战，上海的法租界可能岌岌可危。雇员们私下里嘀咕，他们认为赉安不合时宜地将女儿送到巴黎是一个极大的错误。虽然赉安洋行已经不剩几个职员了，但是，他们还有最后一个项目，那就是为赫尔特曼住宅(Residence for T. A. Hultman)设计一座现代的大别墅，它的位置在今天的康平路1号，和阿麦伦公寓相对而立。

1940年6月22日，法国一战时期的英雄贝当元帅向侵略者德国求和并成立了以贝当为首的亲纳粹的"维希政府"。与此同时，以戴高乐创建和领导的自由法国运动的流亡政府也开始了与德国纳粹的斗争。在上海的法租界，法国人因派系之争而分裂，一边是

赫尔特曼住宅（Residence for T. A. Hultman），今康平路1号

亲维希政府派，另一边是亲戴高乐政府派。贲安的好朋友，逸园赛狗场的主席步维贤和他的儿子乔治·步维贤成为坚决拥护戴高乐政府的积极分子。贲安不过问政治，在两派都期待他站队的关键时刻，他保持了沉默。也许，他的沉默为他日后的命运作了铺垫。

战火纷飞中，贲安将大量的时间花在了阿麦伦公寓的施工上。人们不知道，这是贲安送给妻子安娜的结婚礼物，当年的设计图稿如今即将变成一座象征爱情的公寓了。

1941年，阿麦伦公寓以清新端庄的装饰派艺术风格展现在高恩路与麦尼尼路的路口。这座六层的建筑有着顶层向两侧跌落一层的装饰派艺术的特征。高挑的主入口双壁直达三层，内凹的入口轻巧而简洁，虽没有雨篷，但门廊上的第三层出挑的流线弧形长

阿麦伦公寓立在静谧的高恩路与麦尼尼路的转角（摄影：焦磊）

窗便成为门廊顶部的"雨篷",这个长窗沿着转角的弧度水平展开,大面积的玻璃和窗间隔的圆形壁非常简洁,石砌的窗框呈灰色,与整个建筑的淡黄色贴面砖形成色彩的对比。公寓在沿街转角的弧度和西侧流线型收边的阳台弧度再次令人看见赉安的执着精神。远远望去,阿麦伦公寓像一本打开的书。它淡黄色的墙面更是令人想起盖司康公寓的庄严与优雅,但是,它却小巧玲珑得多。它矗立在转角,显示着这里的精致与艺术韵味。

推门而入,门厅呈六边形,有不错的光线和浅色的墙壁,挑高的天花板上,装饰派艺术风格的金属吊灯精致而小巧。地坪铺设

阿麦伦公寓的入口是一道沧桑岁月的踪迹

大弧度的转角玻璃窗是阿麦伦公寓的灵魂所在

着做工细腻的水磨石，一个居中的黑色圆形图案的中间写着大大的"AL"字样。门厅的右侧用一根壁柱区分门厅与楼梯间。因为没有设计电梯，楼梯成为唯一的通行设施，流线型圆弧状的铸铁栏杆与整个建筑的弧度一致。最上面的两层是漂亮的有较大面积的圆弧形露台和扇形的大房间。这个复式的大房间就是贲安与安娜居住的地方。楼下的几个楼层的房间则全部以低廉的价格出租给那些出入于酒吧和舞厅的来自俄罗斯的舞女们。这些房间都宽敞明亮，有极好的现代设施的配备，如空调、煤气和浴缸。建筑的底层除了门厅便是车库与司机的宿舍，以及厨师郭志成一家。

1941年赉安在凡尔登花园34号前的留影

对于赉安而言,这座小型公寓建筑虽不是自己最杰出的作品,但是,这是他从结识安娜开始就构思的建筑。他希望自己的妻子从此安定下来,他期盼一个曾经饱受颠沛流离的犹太女人在爱情里获得安定和幸福。这座献给没有祖国的犹太人的建筑竟然花去了赉安整整六年的时光。这段漫长的时光伴随着人们对犹太人的鄙夷和对一位建筑大师的愤慨。赉安以他的坚强和韧性,以他对一个犹太女人的爱情去拥抱犹太民族,拥抱一个有几千年逃亡历史的民族。

安娜从来就是隐藏自己犹太人身份的女人,也是已经被主体国家同化了的完全西化的女人。她没有安息日的祷告,也没有要回到耶路撒冷的欲望。她最清楚,只要你是犹太人,你遭受的残酷打击就不会少。

赉安一家的厨师郭志成（右2）及其夫人（右4），照片居中的女孩为郭秀珍。此照片由郭秀珍提供，她今天仍然居住在阿麦伦公寓，是迄今已知的见过安娜的人

阿麦伦公寓即将竣工的时候，赉安感觉到自己年轻时的惊人爆发力已经完全消失了，无休止的战乱成为他设计的一面障碍之墙。他决定不再设计建筑而转向做一个过去最不愿接受的人，那就是在家待着的男人。

1941年夏季，赉安夫妇住进阿麦伦公寓，此时的赉安已经过了中国人所说的"知天命之年"，而安娜也已经41岁了。尽管时局动荡、战火四起，但是，他们拥有了一个真正的家并决定生生死死在这里度过他们的后半生。

在阿麦伦公寓安顿下来后，他们继续聘用中国人郭志成为家庭厨师，这个高大的北京人12岁就开始掌勺，后从北京到达上海跟着俄罗斯厨师学烧俄罗斯菜。当赉安一家居住在凡尔登花园的时候，郭志成经常被赉安和沃霍芙请去掌勺。我们并不知道郭志成一家住进阿麦伦公寓底层的具体时间，据如今仍然居住在阿麦伦公寓底层的郭志成之女郭秀珍说，她1948年出生于阿麦伦公寓。

1941年12月7日，日本发动了太平洋战争，美国罗斯福政府正式对日宣战,中国战场成为二战的主要战场之一。一夜之间,日本人进驻了上海的公共租界和法租界,曾经用以强化租界防御而成立的万国商团的军事化武装也已经名存实亡。很多外国人被关进了日本人的集中营,众多富人的别墅和公寓被日本人占据。维希政府控制下的法租界公董局甚至将法租界的所有房产收为国有资产。赉安的护照被法国政府没收了,他成了与妻子一样的无国籍人士。

两个无国籍人士为了更隐蔽更安全,他们重返盖司康公寓的顶楼居住。这里是上海最高档的楼盘之一,住着各国大使人员,日本人怕是不会轻易打进这座大楼。出乎意料的是,没过多久,日本人拿着刺刀就进入了盖司康公寓。那个穷凶极恶的早晨,日本人强行将盖司康公寓一至六层的租客赶走,他们都是一些在上海有一定身份的富足家庭和外国大使家属。赉安和安娜在楼顶上关注着楼下发生的强盗行径,他们纵使再愤怒,也只能无奈地看着一家家人拿着简单的几件行李被赶出家门。安娜的心被揪紧了,她知道楼下被迫离开的家庭里没有犹太人,这令她的心像是被吊在空中七上八下的。

有一天,几个矮小的日本人走进了赉安的家。他们东张西望的眼睛不时流露出贪婪的神情。安娜高傲地坐在沙发上,目不斜视地看着手里的书。随后,日本人打开登记本要求赉安登记居住人的姓名和国籍,机智的赉安给安娜改了名字并给安娜的国籍写上了法国。这也是几十年后,人们认为这里居住过的安娜是另一个人的原因。

以后的日子,他们还是回到了阿麦伦公寓,他们不敢出门,一切由男管家出门打理,包括他们需要打听的消息和出门买报纸之类的事情。那天,男管家给他们带来了一个坏消息:斯皮尔曼被日本人抓进了上海的集中营,又被日本人从集中营转往东北的满洲里了。这个坏消息使赉安和安娜彻底地不安起来。赉安曾经多次打听斯皮尔曼的消息却一直没有结果,如今,斯皮尔曼竟然遭遇如此厄运,他不得不想想自己今后该如何生存的问题了。斯皮尔曼在上海的法租界绝对是一个有威望的重要人物,光是他曾经担任公董局董事的身份和万国储蓄会创始人的影响力已经足够不同凡响了。一个成功的冒险家在日本人眼里简直一文不值,这让赉安和安娜寝食难安。

赉安感叹维塞尔和科鲁兹去越南是对的,自己独自留在上海也许是一个错误。他感叹盘滕和法诺已经在日本人进入租界前死去,他们没有看见这黑暗的日子,也看不见万国储蓄会的苟延残喘。他为"四人团"里最后一个还活着的好朋友斯皮尔曼担心,但愿他在日本人手里少受苦,但愿他在满洲里能坚强地活下去。

1942年6月,日本人在上海虹口区设立了"无国籍难民区",将一万多名犹太难民迁入其中。赉安和安娜侥幸地躲过一劫。此后,安娜常常出门购物或是会朋友,似乎快乐的日子又一次来临了。赉安却没有任何安顿的感觉,他并不是一个贪生怕死的人,那些放在盒子里的一战荣誉勋章证明了这一点。他只是觉得家庭和生活更为重要,如果自己加入了任何一个组织都是一种极大的冒险,这种冒险的背后也许就是一个孤苦无依的女人。1942年,在孤独守着赉安洋行多年后,赉安关闭了赉安洋行。

1943年7月30日,汪精卫政权收回了上海法租界,将原来的法租界改称第八区。7月31日,法租界的公共建筑、设施和大部分财产都无偿地交给了中国政府。8月1日他们又收回了公共租界。近百年的租界历史宣告结束。此后,法租界一片混乱。1945年7月19日,前任法租界警察局局长、陆军上校法布尔(Fabre)在自己的寓所开枪自杀。

1945年8月15日,赉安和安娜终于熬到了日本人投降的日子。被封锁了六年的邮轮又开始航行了,他们眼看着法国人、英国人一批批地离开上海回到自己的祖国去,安娜却丝毫没有离开的意思。赉安十分想念战争后的法国,思念母亲和女儿,还有哥哥。但是,在安娜面前,他并没有过多流露自己对法国的思念之情,他依旧守着自己的妻子。

1945年9月,曾经刊登侮辱赉安文章并给赉安家庭带来打击的法文版《上海日报》停业了。

1945年下半年,曾经的法租界各种势力依旧不屈不挠地斗争着,针对财物的绑架,针对投靠日本人残余分子的锄奸,针对纳粹的复仇此起彼伏并激烈地上演。每天新闻不断,上海城一片混乱。1945年年底,一位法国工程师的家门上被画上了纳粹的标志和"无耻、卑鄙"的大字,自感走投无路的工程师自杀了,留下美丽的妻子和四个孩子。法国工程师的自杀给了赉安一记沉重的打击。他无望地看着日益疯狂的上海,躲在自己的家里,守着自己美丽的妻子。

动荡的日子一天比一天不得安宁,失去了特权保障的法国人更是觉得百年法租界已经无路可走。赉安眼看着近一半的法国人举家回到了法国,那些惶惶乘上邮轮的法国人竟然都不说一声告别的话就走了。他别无选择,他和安娜没有选择。他时常想到自己音信全无的女儿娜芮特和母亲,但是,又能怎样,女儿不可能再回到上海了,因为租界消失了,真的消失了。

安娜在恐惧中生活着,她仍然抱着侥幸心理出门喝咖啡或是会朋友。她知道自己是没有国籍的犹太人,尽管隐藏很深,尽管法国人几乎都走了,俄罗斯人也走了大部分,尽管留下的人几乎无人知晓她的身世。但是,她的高贵气质的背后却是无依无靠的深深的孤独。几个月来,她看着在阿麦伦公寓居住过的那些俄罗斯姑娘们一个个离开了上海,她们有的投亲靠友去了欧洲,有的则回到了苏联。安娜不是没有看见这些情况,她只是觉得,自己在上海获得的财富以及曾经拥有的富贵生活不会完全消失。她无法想象自己还能逃亡到哪里去,难道欧洲会有自己的家园?不,上海才是我的家!

第二次爱情悲剧及贲安之死

1946年3月初,阿麦伦公寓的入口,那扇左右合拢的暗红木框的玻璃门上被贴上了一张白纸黑字的纸。白纸上写着恐吓的话语:卑鄙,无耻,滚出去。黑字上是一个巨大的红叉。这红叉分外刺眼,像两把沾满鲜血的刺刀。

安娜首先看见了这张贴在冰冷的玻璃门上的恐吓的纸。她冷静地看了一眼,心里咯噔一下,随后,她将它揭了下来走进了门厅。她每走一级台阶,心里的不安就增加一分。在这充斥着恐惧的混乱时期,一个嫁给法国建筑大师的犹太女人,一个高傲的贵妇终于感到了人们紧追不舍的脚步声在向自己逼近。她暗叹一声,轻轻地走上了六楼的大平台。她手扶栏杆心情难以平静,她预测到将会发生的危险。在这个到处有暗杀和绑架的混乱的世界,哪有真正的安全之处呢?

她感到无望,她颤抖着再次打开那张恐吓的白纸。她突然觉得自己应该逃往巴黎,逃离这个与死神步步靠拢的地方。但是,一个转念,她又想起了自己的承诺:坚决不离开给自己美好生活的上海。她又叹息了一声。

赍安打开这张用黑笔写得歪歪扭扭的中文和英文的纸,无声地将妻子搂在怀里,安娜轻声地在赍安的怀中抽泣起来。赍安抚摸着安娜瘦削的背脊,心里充满了对妻子的担忧和对以后生活的绝望。妻子的每一次抽泣都像针一般扎在自己的心里,他只能紧紧地拥抱着妻子,直到妻子抹去了眼泪。

在那个恐怖的夜晚,赍安想起了几个月前审判法籍上海警察罗兰·萨尔礼(Roland Sarly)这件事。他知道这是中国人在抗日战争胜利后锄奸运动的一部分。已经丧失特殊权利的法国人被各种势力包围着,法租界已经成为各种政治力量较量与活动的舞台。此时,作为有知名度的法国建筑大师,且是一个为杜月笙和黄金荣设计过建筑的法国人,不被人痛恨简直是不可能的事情。

赍安估计门上的恐吓白纸和自己当年没有支持在上海的维希政府有关,也许也和这座公寓曾经住过众多的俄罗斯舞女有关,毕竟人们痛恨这些舞女给社会带来的混乱。当然,赍安无法确定这件恐吓事件出自谁手,纷乱的局势,各方势力的较量,他无从解释。

正是上海倒春寒的日子,大约晚上八点钟,很冷,夫妻俩在沙发上苦守着漫漫长夜,心里的苦和恐惧已经到了即将崩溃的边缘。将近深夜时分,赍安做出了一个决定。他决定带着惶恐中的妻子回到盖司康公寓的顶楼去。

赍安和安娜沿着已经由霞飞路改名为林森路的幽静马路疾步往东走。春寒料峭的深夜,光秃秃的梧桐树投下残枝的阴影,在昏黄的街灯下,树影如鬼影一般重复在脚下。穿过麦琪路,他们看见福煦警察局漆黑一片,这座象征法国人权势的法式建筑已经不再气宇轩昂。穿过麦阳路,赍安看了一眼自己人生最初的别墅建筑群。那些绝美的别墅也呈现出黑黢黢的剪影,那些住在里面的外侨,不是被关进日本人的集中营死了,就是幸存着终于离开了这里回到了自己的祖国。终于走到了盖司康公寓。站在公寓的大门口,抬头看大楼,整个大楼在夜色下毫无生气,居然没有一间房间的灯是亮着的,阴沉肃穆的气氛几乎令人窒息。入门,黑暗中看见大厅的一侧有个人睡在沙发上打鼾,显然是值夜班的公寓管理人员。两个人急急地上了电梯,在黑暗中摸到自己家的门把手,打开门,开灯。

漆黑的夜晚,赉安和安娜裹着大衣站在盖司康公寓的大平台上看着沉寂的暗夜,一切似乎停滞了,仿佛宇宙即将坠落,生与死的考验已经来临了。两个无国籍的外国人已经无计可施,一向勇猛的赉安也已经陷入了绝境。他们忧伤地看着城市重重叠叠的屋顶,无限的忧愁不知从何说起。虽然前途无望,未来不知,但是,赉安知道自己漂泊的命运和冒险家、建筑师组成的人生是精彩的;安娜知道自己的命运是由逃难和追求富贵编织出的一曲既忧伤又欢快的歌。

赉安早已将生死已置之度外。他从一战的欧洲战场到上海的设计师生涯所经历的壮阔人生是如此酣畅淋漓,他毫无遗憾。他庆幸女儿及早离开上海回到了祖母的身边。可是,妻子安娜怎么办?

那个寒冷而漫长的黑夜,夫妻俩一夜未眠。等到黎明时分,他们还是回到了阿麦伦公寓。他们站在弧形大窗前看高恩路上行色匆匆的路人走过,荣德生家的黑色小汽车总是在早上十点钟左右驶过楼下的丁字路口,再次回到这个丁字路口时已经是黄昏时分了。而对面的赫尔曼特(T. A. Hultman)住宅(今康平路 1 号)前几年就已经住进了一个中国人,那是"小港李家"的大收藏家李祖夔。

赫尔曼特住宅是赉安亲自设计的现代主义风格别墅,1941 年

赫尔曼特住宅的北入口，
今康平路1号

竣工后便发生了珍珠港事件，赫尔曼特被抓进了集中营，李祖夔便成了这里的主人。1943年，著名国画家郑午昌、京剧大师梅兰芳和著名画家吴湖帆发起的"甲午同庚千龄会"成立。这个由20个艺术家和资本家组成的民间爱国社团在这一年的中秋节，在李祖夔的住宅里商讨联合抗日的事情。

整整一个星期，安娜在惴惴不安中看见赉安依旧是泰然自若、从容不迫，她决定和丈夫大吵一场。一向以顽强和沉着著称的赉安终于决定给自己一个最后的了断，也要给自己惊涛骇浪的人生之路画上一个句号。

1946年3月13日上午，赉安决绝地走出了阿麦伦公寓的大门。他以军人挺直的后背将阿麦伦公寓抛在身后，他微昂的头上

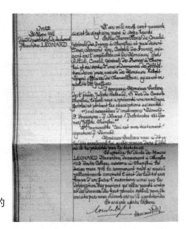

1946年5月25日,赉安的遗书交递时的记录

依旧是浓密的棕黑色头发,手里依旧提着那只跟随他一生的破旧整洁的棕色牛皮箱。没人知道他走到哪里去。他再也没有回到阿麦伦公寓。

1946年5月25日,在法国驻上海领事馆的一间办公室里,领事馆的领事菲尔纳诺·霍益代表总领事让·热力尔先生接收了一封信。送信者为赛克特尔克。当时,领事馆记录员罗贝尔·赛日负责进行记录。这封信上写的文字是:

上海法国总领事馆收

霞飞路461号

这是我的遗嘱

赉安

赛克特尔克对菲尔纳诺·霍益说:"我将信封和遗嘱一同交给法国驻上海总领事馆。亚历山大·赉安先生生前住在上海高恩路102号。1946年5月20日逝世。法国驻上海总领事馆将信封交

231

于相关人员,并且执行必要的程序,方可打开此信封。"

赉安选择了将遗书写给法国驻上海领事馆,而不是妻子安娜。其实,在1947年的上海地图上是没有高恩路102号的,所以,现在的高安路102号并非赉安生前最后停留的地方。

这封写有赉安遗书的信一直没有被打开,现在还在上海档案馆里。赉安的外孙安德莱从2005年开始就一直在探寻这封遗书的下落并希望打开看一看。

第八章　尾声——1946年之后

赉安之女娜芮特

1939年6月，娜芮特终于抵达巴黎，可是，迎接她的是二战的烽火。不久，她和祖母搬到了距离巴黎约14公里的市镇韦利济·维拉库布莱(Velizy Villacoublay)。娜芮特和祖母居住在韦利济的休伯特街3号(3 Rue Hubert)。整个二战期间，除了短暂的修道院生活，娜芮特在韦利济的中学里继续完成了自己的高中学业，后来，她成为当地经济管理学院的一个良好的管理人员。

由于二战期间法国与中国的通航通信中断，娜芮特和祖母都无法获得赉安在上海的任何信息。1945年下半年，她们仍然在等候赉安的信件，此时上海的锄奸运动正如火如荼地进行着。

1946年的某个日子，已经20岁的娜芮特决定重返1938年曾经与父亲度假的法国南部城市滨海拉塞讷(La Seyne sur mer)。她要去那里寻找八年前认识的那位英俊的年轻人海利·杜希福(Henri Dechifre)。

娜芮特沉浸在爱的海洋里，感觉到人生的幸福又回来了。让她感到无限宽慰的是，自己的丈夫长得非常像自己的父亲赉安。多年后，他们有了三个儿子，1947年出生的皮尔·杜希福(Pierre

1946年,20岁的娜芮特(Marie Jeanne Josephine Elisabeth Leonard,1926—1988)

Dechifre),他现在居住在法国西北部的海边城市勒阿佛尔市(Le Havre);1950年出生的第二个儿子名叫安德莱·杜希福(Andre Dechifre),他现居住在法国南部尼姆市附近美丽如画的小镇索沃(Sauve)。1953年出生的第三个儿子尼古拉斯·杜希福(Nicolas Dechifre),他现生活于法国波尔多附近的优雅之城卡泽尔(Cazeres)。

在三个孩子逐渐长大后,娜芮特曾经告诉第二个儿子安德莱:20世纪50年代初期,赉安洋行的另一个合伙人保罗·维塞尔曾经从越南大叻回到巴黎。维塞尔曾经去韦利济·维拉库布莱拜访过赉安的母亲。那一次,好心的维塞尔告诉赉安的母亲,赉安1946年死于打猎的误枪。

正是维塞尔的到来使得娜芮特思念父亲的心开始复活。这样的思念伴随了她的一生。她困在小城里不知如何得到父亲的确切消息,她根本就不相信维塞尔说的打猎误枪。日复一日,她在等待政府给她一个父亲死亡的证明。

20 世纪 50 年代的娜芮特在法国滨海拉塞讷

娜芮特和海利·杜希福一直生活在美丽如画的滨海拉塞讷。1978 年,海利·杜希福逝世,享年 64 岁。1988 年,娜芮特逝世,享年 62 岁。

贲安之外孙安德莱

2005 年,娜芮特与海利·杜希福的第二个儿子安德莱已经 45 岁了,这个一生都在艺术氛围里长大的男人,在那年想起了妈妈还有一件没有完成的遗愿。虽然,母亲生前并没有说出自己的遗愿,

235

但是,心思缜密的安德莱还是完全对母亲寻找外公的遗愿心知肚明。那年,安德莱开始着手于这件很重要的事情。他要揭开外祖父赉安先生的历史,他要为自己的母亲和外祖母以及赉安家族的人做一件应该做的事情。

他开通了博客专门介绍赉安的人生和赉安的建筑,同时,他专注于收集赉安的历史资料并且通过政府部门获得赉安的档案资料或回复。他的博客引起很多人的关注,很多陌生人给他提供有关赉安及其设计的建筑线索和当年的报纸杂志的记载信息。

法国外交部的档案馆馆长给予安德莱的回复信件,内容为:

在2015年8月7日的信件中,您向我询问了关于Alexandre Leonard(赉安),也就是您的外祖父母的出身问题,我没有办法回答您提出的所有问题,但是在我对法国领事馆做出的公证内容进行深入调查后,发现如下问题:

1936年,Alexandre Leonard 和 Anna Bowshis 在上海结婚并且签订结婚协议。

1946年5月25日,交于上海总领事馆的 Alexandre Leonard 先生的存款证明和遗嘱,其中包含遗嘱的文本内容。

根据法律L213-2条文规定,公证内容应当在一百年的时间期限内予以保密。如果您想知道详细的公证信息,可以向法国外交部以及负责财产保护的领事行政副首长提出申请。

安德莱用十几年的时间持之以恒地做一件事情,终于拼凑出一个比较完整的赉安的设计年表。直到2015年4月,他终于抵达那个与自己的人生息息相关的地方——上海。

法国外交部的档案馆馆长
给予安德莱的信件回复

    那一次,安德莱在陌生的上海得到了一些热心朋友的帮助,其中就有居住在常德公寓的董菲亚女士和其弟弟。安德莱曾经在麦琪公寓的阳台上拿着母亲娜芮特童年的照片留了影。他似乎完成了寻找外祖父的任务。但是,命运安排他遇见了本书的作者,于是,就有了安德莱不曾想过的两本书:《寻找赉安》和《来自法国的上海人——建筑大师赉安传奇》。

    2016年4月24日,安德莱第二次在阿麦伦公寓的门前停下了脚步。那天下着大雨,他的心情也糟糕透了。他对本书的作者说:"我的母亲娜芮特真的,真的是因为长久思念她的父亲并得不到父亲的消息而死去的。"

历史翻过沉重的一页,他记得自己童年时母亲娜芮特曾经告诉过自己有关外祖父赉安的点点滴滴的故事。他念念不忘母亲娜芮特在 13 岁以后再也没有见到自己父亲的孤苦。他认为母亲娜芮特到死都没有得到一张外祖父的死亡通知书是一个极大的错误,也是自己人生的一大憾事。

附录一：赉安洋行在上海的建筑设计作品
（已知75处）

1923年，阿扎迪安住宅（Residence Azadian），康平路192、194、196、198，天平路99—101、129号

1923年，四联体别墅，延庆路151、153、155、157号

1923—1924年,科德西住宅(Residence Codsi),延庆路130号(今肺科医院)

1923年,努沃住宅(Residence Nouveau),襄阳南路525号

1923年,葆仁里,淮海中路697弄(现存有6幢)

1924年,佩尼耶住宅
(Residence Peignier),
高安路77号

1924年,国富门路住宅,安亭路130、132号

1925年,花园住宅,高安路72号

1925年,福履理路602号住宅
(今建国西路602号,上海医学科学技术情报研究所)

1925年,东方汇理银行住宅(Neo Normand),
南昌路258号(今瑞金二路26号)

1924年,古堡式住宅,永嘉路(已消失)

1924年,白赛仲路住宅(Residence de Boissezon),复兴西路17号(今伊朗驻沪总领事馆)

1924年,花园住宅,乌鲁木齐中路400号、淮海中路1480号

1924年,西爱咸斯花园,永嘉路555、557、571号

1924年,福履理路住宅,建国西路620号、622号

1925年,西爱咸斯花园,永嘉路527弄1—5号

1925年,邮局大楼,地址不详

1925年,东华大戏院(巴黎大戏院),淮海中路550号

1926年,花园住宅,高安路89、91、93号,建国西路629号、631号

1925年,联排住宅,永嘉路231弄1—10号

1924—1926年,法国球场总会(Cercle Sportif Francaise),茂名南路58号(今花园饭店)

1925年,恰卡良住宅(Residence Boulangerie Tchakalian),永嘉路479号

1927年,戴劳耐路(今德昌路)60号

1928年,保罗·维塞尔旧居(Villa Veysseyre),永嘉路590号

1926年,蓝布德医生诊所(Clinique Dr. Lambert),长乐路536号(今上海第一妇婴保健院)

1928年,克莱蒙宿舍(Clement's Boarding House),长乐路336—352号

1928年,圣心会修道院(Couvent des Dames du Sacre-Coeur),淮海中路622弄7号(今上海社会科学院)

1928年,白赛仲公寓(Boissezon Apts),复兴西路26号

1928年,沿街建筑,淮海中路610号

1929年,花园住宅,襄阳南路317号(今襄阳南路幼儿园园内东侧)

1929年,花园住宅,建国西路323号

1929年,赉安旧居(Residence Leonard),永嘉路588号

1929年,圣玛利亚医院传染病隔离病房,瑞金二路197号(已消失)

1929年，圣玛利亚医院法国海陆军专备病房，瑞金二路197号（已消失）

1930年，亨利公寓，新乐路142弄1号

1930年,汽车修理公司(Garage Servauto),陕西南路336号(已消失)

1930年,培恩公寓(Bearn Apts),淮海中路449—479号
(照片为兴安路96弄,培恩公寓副楼)

1930—1934 年,格莱勋公寓(Gresham Apts),
淮海中路 1222—1238 号

1930 年,黑克玛琳公寓,新乐路 21 号

1930年,亨利公寓,新乐路15号、17—19号

1930年,西高特住宅(Residence Sigaut),高安路63号

1930年,震旦博物馆(Musee Heude),合肥路411号(今中科院巴斯德研究所)

1930年,麦尼尼路公寓,地址不详

1930—1931年，花园公寓，南京西路1173弄

1932年，法国总会(Cercle Francais)，南昌路57号(今为科学会堂展示厅)

1932年,邵禄住宅(Residence Chollot),德昌路23号(康平路165号内)

1932—1934年,萨坡赛小学(Ecole Primaire Chapsal),淡水路416号

1931—1933年,方西马公寓A、B、C楼(FoncimA、B、C),高安路50、60、62号(现首长公寓)

1932—1933年,方西马公寓D、E楼(FoncimD、E),
建国西路641号、645号,高安路78弄1—3号

1933年,圣伯多禄教堂
(L'Eglise St Pierre),重
庆南路270号

1931—1933 年,雷米小学(Ecole Francaise et Russe Remi),永康路 200 号
(今上海市第二中学)

1934—1935 年,道斐南公寓(Dauphine Apts),建国西路 394 号

1933—1934年,盖司康公寓(Gascogne Apts),淮海中路1202号、1204—1220号

1934年,巴斯德研究所实验室(Laboratoire Municipal Pasteur),瑞金二路207号

1932—1934年,中汇大厦（Chung Wai Bank）,延安东路143号

1934年,崇真教堂公寓,五原路287号(今为湖南街道办事处)

1934年,祁齐住宅(Residence Ghisi),岳阳路200弄1—48号

1934—1935年,喇格纳小学(Ecole de Lagrene),崇德路43号

1934年,思南路住宅,地址不详

1934年，爱棠公寓，余庆路32、34、36号（已消失）

1933年，斯文公寓（Residence Shahmoon），虹桥路228号（已消失）

1933年，沿街商店，霞飞路（地址不详）

1934年，卫乐公寓（Willow Court），复兴西路34号

1935年，麦兰巡捕房（Poste de police Mallet），金陵东路174号（今黄浦区公安分局）

1935年,圣玛利亚医院贫民病房设计稿,瑞金二路197号(今瑞金医院2、3号楼)

1935年,圣玛利亚医院药房,瑞金二路197号(已消失)

1935年，圣玛利亚医院急诊楼，瑞金二路197号（已消失）

1934—1935年，麦琪公寓（Magy Apts），复兴西路24号

1935 年,里弄别墅,永嘉路 39 弄 1—2 号、3 号甲、3 号乙

1936 年,伦敦住宅(Residence for Mr. L. Rondon),吴兴路 87 号

1940—1941年,希勒公寓,茂名南路106—124号

1941年,赫尔特曼住宅(Residence for T. A. Hultman),康平路1号

1941年,阿麦伦公寓(Amyron Apts),高安路14号

本目录之黑白老照片摄自1937年7月14日法文版《上海日报》

附录二：赉安洋行印度支那分行在越南的建筑设计作品

1938年，越南大叻保大行宫

1934—1939年，花园别墅共17幢（其中有两幢别墅已经消失），地址为越南大叻杜美街14号、15号、16号、17号、18号、19号、20号、21号、22号、23号、25号、26号、29号、31号、33号（照片为越南大叻杜美街26号）

20世纪30年代的西贡格拉尔医院小楼,今为西贡第二医院的六号楼

大叻玛丽亚修道院的西南立面

后　　记

一生风雨不绝的赉安结束了自己55年的生命历程。他为上海留下了一百多幢近代建筑（目前已知75处122件作品），它们演绎着上海在那段租界时期的建筑风格和建筑历程，更留下了一个时代的烙印和几乎逝去的故事。在上海成为"东方巴黎"的大时代背景下，赉安为上海这座城市建立了不朽的功勋。

上海的租界是一段西风东渐的百年历史，是孕育海派文化和成为"东方巴黎"的一段城市化进程，她蕴含着一座城市兴衰的百年岁月。这段漫长的岁月里，命运垂青了赉安先生，眷顾了他的事业、他的人生，也给予他无尽的艰难和困苦。

曾经风华正茂的赉安在20世纪的两次世界大战期间，奇迹般地创造了自己在上海的传奇。这位身材高大，有着令人羡慕的风度和仪表的建筑师，在被维希政府收去法国护照的时候，他有过强烈的抗争。之后，他并没有委曲求全地去求得一张离开上海的他国签证。

大师已去75年，他的那些建筑大部分都还在，一座座凝固的音乐作品在上海的风貌区内展现着它们的魅力。它们跨越时光为我们对话，为我们讲述时代的意志和设计师的情趣。它们不仅影响了我们对历史的认识，也揭示着建筑风格和建筑流派的演变过程。赉安的建筑对上海法租界城市空间的形成产生了很大的影

赉安（Alexandre Leonard，1890—1946）

响。他与同时代的建筑师们共同营造了一座"东方巴黎"。赉安及赉安洋行的建筑作品体现了法国人的艺术追求和品味。赉安不仅被誉为装饰派艺术大师，他还是上海近代建筑的先驱者之一。他应当有一座纪念碑或是一个纪念馆。

作为赉安生平的书写者，我深知这五年多时间的书写过程和对历史的推敲并不是完全专业的，但是，我以书写者的研究和判断给予赉安研究以一定的基础，这一定是有意义的事情。我希望在我之后，有人能够继续挖掘和研究赉安洋行的建筑和赉安的历史，更希望当你看到这本书的时候，你已经能够看到被封存了100年的赉安遗书。请记住，那一天是2046年5月25日。

在本书出版之前，我的《寻找赉安》也已经先期出版，这本《寻找赉安》存在少许因资料误读而出现的错误，尤其赉安洋行建筑作品的整理有所调整，请读者原谅并以本书资料为准。

感谢所有支持我的朋友们。他们是作家朱惜珍女士、钱乃荣先生！三联出版社主编麻俊生先生！摄影师焦磊先生！

感谢赉安的外孙安德莱·杜希福（Andre Dechifre）先生！

感谢翁扬(Yann Ong)先生!
感谢拉贝(Patrick Labbaye)先生!
感谢上海大学出版社的编辑室主任黄晓彦先生!

吴飞鹏
2021年1月8日